스프링 여행스페인어회화

이 QR코드를 스캔하면
음원 저장소에서
본문 전체 MP3 파일을
다운받을 수 있습니다!

스프링 여행 스페인어회화

2025년 7월 10일 초판 인쇄
2025년 7월 15일 초판 발행

엮은이 **LC스터디**
발행인 최연진
디자인 김영준, 장미경
마케팅 최관호
제작 최승룡
인쇄 선경프린테크

발행처 어학시대
주소 서울시 영등포구 영신로34길 19, 3
등록번호 제 2025-000064호
전화 02) 2636-0897
팩스 02) 6305-0897
이메일 ohakbooks.daum.net

ⓒ LC스터디 2025
ISBN 979-11-992739-8-6   12770

이 책의 저작권은 저자에게 있습니다. 저자와 출판사의 허락없이
내용의 일부를 인용하거나 발췌하는 것을 금합니다.

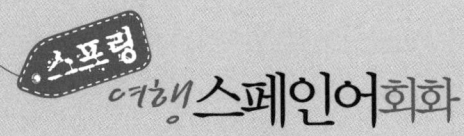

LC스터디 지음

어학시대

쾌락은
우리를 자기 자신으로부터 떼어놓지만,
여행은
스스로에게 자신을 끌고 가는 하나의 고행이다.

− Albert Camus −

머리말

단체로 스페인 여행을 가면 현지 사정을 잘 아는 가이드가 안내도 해주고 통역도 해줘서 언어 때문에 크게 불편할 일은 없어요. 하지만 스페인 사람과 직접 대화하거나 쇼핑할 때는 회화가 꼭 필요하죠. 여행지에서 자유롭게 소통할 수 있다면 여행이 훨씬 더 즐겁고 보람찰 거예요.

그래서 이 책에는 출국부터 귀국까지, 상황에 맞게 바로 활용할 수 있는 유용한 스페인어 표현만을 엄선했어요. 상대방의 말을 이해하고, 천천히 하지만 확실하게 내 의견을 표현할 수 있도록 도와줍니다

특히, 이 책은 여행 중에도 부담 없이 꺼내 볼 수 있도록 휴대하기 좋은 크기로 제작되었고, 꼭 필요한 표현만 골라 담아 실용성을 높였어요. 이 책 한 권만 챙겨가면 마치 개인 여행 가이드를 데리고 다니는 것처럼 든든할 거예요!

이 책의 특징은 다음과 같습니다.

포켓북 사이즈에 스프링 제본이라 편해요!
여행할 때 가볍게 들고 다니면서 필요할 때 바로 꺼내 볼 수 있도록 포켓북 사이즈로 만들었어요. 그리고 책을 펼치기 편하게 스프링 제본으로 제작했어요!

여행할 때 쓸 수 있는 유용한 회화 표현들!
스페인 여행이나 출장, 방문할 때 현지에서 바로 써먹을 수 있도록 꼭 필요한 회화만 담았어요. 그리고 쉽게 찾아볼 수 있도록 사전식으로 정리했어요!

상황별로 필요한 회화가 들어 있어요!
여행을 떠나기 전에 알아두면 좋은 기본 표현부터 출국, 도착, 숙박, 식사, 관광, 쇼핑, 교통, 여행 중 생길 수 있는 문제 상황까지, 여행하면서 마주칠 수 있는 다양한 상황을 담았어요!

보기 쉽게 양쪽 페이지로 편집했어요!
필요한 상황이 생기면 바로 찾아서 쓸 수 있도록 우리말을 먼저 넣었고, 보기 쉽게 양쪽 페이지에 나란히 편집했어요!

스페인 사람 발음에 가깝게 한글로 표시했어요!

스페인어를 잘 몰라도 쉽게 따라 할 수 있도록 모든 회화 표현과 단어에 한글 발음을 적어두었어요. 최대한 원음에 가깝게 표기해서 그대로 읽기만 해도 될 거예요!

QR코드를 찍으면 스페인 사람의 발음을 바로 들을 수 있어요!

스마트폰 카메라로 QR코드를 찍으면 스페인 사람의 정확한 발음을 상황별로 바로 들을 수 있어요. 그리고 표지나 판권에 있는 QR코드를 스캔하면 어학시대 MP3 파일 저장소에서 본문 전체 녹음 파일도 내려받을 수 있답니다. 여행을 떠나기 전에 미리 다운로드해서 공부해 두면, 스페인어에 대한 부담도 줄이고 더 자신 있게 말할 수 있을 거예요. 녹음은 먼저 한국인 성우가 우리말 표현을 말해주고, 그 다음 스페인 사람이 해당 문장을 들려주는 방식으로 되어 있어요. 스페인 사람의 발음을 들으면서 따라 하면 자연스럽게 익힐 수 있을 거예요!

Part 1 기본표현

인사 32
간단한 문답 34
방문과 소개 46
거리에서의 질문 66

Part 2 수·시간·날씨·색

수 74
시간 78
요일 84
월 86
날씨 90
색 94

Part 3 상황표현

느낌을 말할 때 98
호텔 102
레저 112
음식과 음료 118
식당에서 136
쇼핑 146
은행 152

차례

Part 4 통신

우체국에서 156
사무실에서 160
전화 162

Part 5 교통기관

여러 가지 교통기관 . 168
공항에서 174
세관에서 176
자동차 운전 180

Part 6 긴급사태

긴급상황 188

스페인어에 관하여

투우 (Corrida de Toros)

오늘날 스페인에는 몇 가지 언어가 있다. 카스틸리안(Castilian), 피레네 지방의 바스크(Basque), 바르셀로나 지역의 카탈란(Catalan) 그리고 북서 지역의 갈리시안(Galician) 등이다. 그 기원이 알려져 있지 않은 바스크어를 제외하고 이들 언어는 라틴어에서 나온 로마어이다.

우리가 스페인어라고 부르는 언어는 스페인어 사용자들에게는 까스떼야노(castellano(Castilian)로 알려져 있다. 가스떼야노는 15세기 스페인의 통일기에 가장 강력하고 영향력이 컸던 가스띠야의 언어였다. 오늘날 이 언어가 전세계적으로 스페인 언어로 알려져 있다. 이것이 미국에 거주하는 천 5백만명을 포함해서 약 2억 7천 5백만 명의 언어인 동시에 로마어 중에서 가장 널리 쓰이는 언어인 것이다.

로마인들은 서기 1세기에 이르러 스페인을 정복하였다. 정확한 라틴어보다는 오히려 로마인들이 쓰는 라틴어가 본토어를 지배하였으며 합병을 거듭해서 고대 스페인어로 알려진 언어가 되었다. 그 후에 스페인어는 정복지인 아랍 지역의 언어에서 alcázar(성), ajedrez(체스), álgebra(대수학)과 같은 많은 단어들을 받아들였다. 그러나 현대 스페인어의 발음, 어휘, 문법은 라틴어에서 영향을 받았다.

1492년에 스페인어는 아메리카에 상륙하였다. 정복자의 대부분은 남부 스페인의 안달루시아(Andalusia) 지방 출신이었다. 따라서 라틴 아메리카에서는 그들의 스페인어 발음이 주종을 이루었다. 그러므로 단어 cereza(체리)와 ciencia(과학) 속의 철자 c와 z는 안달루시아와 라틴 아메리카에서는 ㅅ으로 발음된다. 그러나 스페인에서는 θ로 발음된다. 그 후에 라틴 아메리카의 스페인어는 페루의 케추아어(Quechuan language)로부터 poncho, gaucho와 같은 많은 말들을 채용했다. 유럽 스페인어와 라틴 아메리카 스페인어의 차이는 영국 영어와 미국 영어의 차이와 같이 대부분의 사람들에게는 발음과 어휘에서의 차이에도 불구하고 이해하는 데에는 별 차이가 없다.

이 책에서의 발음은 라틴 아메리카의 발음을 채택했다.

스페인어 알파벳에서는 ch, ll, rr이 알파벳에 포함되어 있다. 그 결과로서 스페인어 사전을 예로 들면 단어 chica는 cosa의 뒤에 온다.

mp3 파일은 먼저 우리말이 나온 다음에 스페인어 표현이 나오는 순서로 녹음이 되어 있다. 두 번째 스페인어 표현을 들은 다음에는 큰 소리로 따라서 말해 보도록 한다. 모든 표현은 표준적인 대화 속도로 녹음되어 있다. 독자들도 같은 속도로 따라 발음해 주기 바란다.

스페인어 문자와 발음

(1) 알파벳

스페인어에는 영어처럼 발음기호가 따로 있지 않다. 모든 문자들은 영어의 발음기호라고 생각하고 그대로 읽으면 된다. 그런데 몇 가지 영어와 다른 점이 있으므로 주의하기 바란다.

대문자(소문자)	명 칭	발 음
A(a)	아	아
B(b)	베	ㅂ
C(c)	쎄	ㅅ, ㄲ
Ch(ch)	체	ㅊ
D(d)	데	ㄷ
E(e)	에	에
F(f)	에훼	ㅍ과 ㅎ의 중간
G(g)	헤	ㄱ, ㅎ
H(h)	아체	묵음
I(i)	이	이
J(j)	호따	ㅎ
K(k)	까	ㄲ
L(l)	엘레	ㄹ
Ll(ll)	에예	이
M(m)	에메	ㅁ
N(n)	에네	ㄴ
Ñ(ñ)	에네	니
O(o)	오	오

P(p)	뻬	ㅃ
Q(q)	꾸	ㄲ
R(r)	에레	ㄹ
(rr)	에레	ㄹㄹ
S(s)	에세	ㅅ
T(t)	떼	ㄸ
U(u)	우	우
V(v)	우베	ㅂ
W(w)	우베 도블레	우
X(x)	에끼스	ㅅ
Y(y)	이 그리에가	이
Z(z)	쎄따	ㅅ

스페인어의 알파벳은 위와 같이 30개이다. 다음에 나오는 자음과 모음의 설명을 참고해서 정확한 발음을 연습해주기 바란다.

(2) 모음

영어와 마찬가지로 a, e, i, o, u 5개이다.

a [아]	casa [까사], cama [까마]
e [에]	alegre [알레그레], tenedor [떼네도르]
i [이]	vivir [비비르], dinero [디네로]
o [오]	como [꼬모], ocho [오초]
u [우]	mucho [무초], mundo [문도]

(3) 자음

b·v [ㅂ]	v는 b와 발음이 똑같다. 영어처럼 입술을 깨물고 발음하지 말 것
	bien [비엔], cambio [깜비오] avión [아비온], nuevo [누에보]
c [ㅅ, ㄲ]	e와 i 앞에서는 ㅅ, 기타 문자 앞에서는 ㄲ
	Cervantes [세르반떼스], cine [시네] casa [까사], cuatro [꾸아뜨로]
ch [ㅊ]	coche [꼬체], noche [노체]
d [ㄷ]	단어 끝에서는 거의 소리가 나지 않는다.
	dolor [돌로르], andar [안다르] vestido [베스띠도], verdad [베르다]
f [ㅍ과 ㅎ의 중간음]	영어에서처럼 입술을 살짝 깨물며 내는 ㅍ과 ㅎ의 중간음이다.
	fiesta [휘에스타], flor [흘로르]

g [ㅎ, ㄱ]	e와 i 앞에서는 ㅎ, 기타 문자 앞에서는 ㄱ 단, gue [게], gui [기] 만은 u 소리가 나지 않음
	gente [헨떼], coger [꼬헤르] gusto [구스또], grande [그란데] negro [네그로], amigo [아미고]
h [묵음]	ahora [아오라], hotel [오뗄]
j [ㅎ]	Japón [하뽄], mujer [무헤르]
k [ㄲ]	외래어에만 쓰인다.
	Tokio [또끼오], Kimono [끼모노]
l [ㄹ]	단어 속에서는 ㄹㄹ 소리가 난다.
	blanco [블랑꼬], libro [리브로]
ll	lla [야], lle [예], llo [요], llu [유]
	calle [까예], llave [야베]
m [ㅁ]	momento [모멘또], madre [마드레]
n [ㄴ]	verano [베라노], vino [비노]

ñ	ña [냐], ñe [녜], ño [뇨], ñu [뉴]
	mañana [마냐나], año [아뇨]
p [ㅃ]	perdón [뻬르돈], padre [빠드레]
q [ㄲ]	q는 que [께], qui [끼]의 형태로밖에 쓰이지 않는다.
	queso [께소], equipo [에끼뽀]
r [ㄹㄹ, ㄹ]	단어의 맨 앞 또는 l, n, s의 뒤에서는 혀 끝을 2~3번 떨어준다.
	regalo [레갈로], rico [리꼬] pero [뻬로], toro [또로]
rr [ㄹㄹ]	위치에 상관 없이 혀끝을 2~3회 떨어주는 ㄹㄹ 소리이다.
	correos [꼬레오스], perro [뻬로]
s [ㅅ]	semana [세마나], seis [세이스]
t [ㄸ]	estudiante [에스뚜디안떼] tarde [따르데]
w [우]	외래어에만 쓰인다.
	whisky [위스끼]

x [ㅅ]	모음 앞에서는 ㄲ 소리이다.
	examen [엑사멘] excursión [에스꾸르시온]
y [이]	ll과 똑같은 소리이다.
	mayo [마요], yo [요]
z [ㅅ]	스페인의 수도 마드리드 지역에서는 ce, ci의 c와 z를 영어의 th [θ]발음을 낸다.
	zapatos [사빠또스] Zarzuela [사르수엘라]

(4) 액센트의 위치

스페인어를 사용하는 사람들은 친구를 a**mi**go(아**미**고)라든가 ami**go**(아미**고**)라고 하지 않고 a**mi**go(아**미**고)라고 발음한다. 그러면 모든 단어의 액센트를 외워야 할까? 그럴 필요도 없거니와 스페인어 사전에는 액센트의 위치가 나와 있지 않다. 다음의 3가지 법칙만 잘 기억해 두면 된다.

1. 모음 또는 n, s로 끝나는 것은 두 번째 모음에
   - Es**pa**ña [에스**빠**냐]
   - **Car**men [**까**르멘]
   - a**mi**gos [아**미**고스]

2. 자음(n, s 제외)으로 끝나는 것은 마지막 모음에
   - señ**or** [세**뇨**르]
   - catedr**al** [까떼드**랄**]

3. 액센트가 붙은 것은 그 액센트 부호 위치에
   - tel**é**fono [뗄**레**휘노]
   - caf**é** [까**훼**]
   - s**á**bado [**사**바도]

단, 2중모음은 1개의 모음으로 취급한다.

2중모음

oi, ue, ua, iu 등과 같이 두 개의 모음 중에서 어느 하나가 약모음(i, u)인 것, 즉 oe, ao, ae 등은 2중모음이 아니다.

ex) bueno → b**ue**no(원래는 ue에 액센트가 있으나 e가 강모음이므로 e를 강하게 발음한다)

   novio → n**o**vio(nov**io**(×))

   강모음 : a, e, o   약모음 : i, u

스페인어 기초 문법

(1) 명사

스페인어에서 명사는 남성 또는 여성으로 나누어진다. o로 끝나는 것은 남성을 나타내고 a로 끝나는 것은 여성을 나타낸다. 부정관사는 남성명사 앞에서는 un, 여성명사 앞에서는 una이다. un과 una는 영어에서와 마찬가지로 「하나의」라는 의미를 나타낸다. 부정의 복수를 나타내는 「몇 개의 또는 얼마간(즉, 영어에서의 some)」의 의미는 남성명사 앞에서는 unos, 여성명사 앞에서는 unas를 사용한다. 영어의 정관사(the)에 해당하는 것은 남성 단수 명사 앞에서는 el(복수에서는 los), 여성 단수 명사 앞에서는 la(복수에서는 las)이다.

ex) un mozo 소년   una moza 소녀
     unos mozos 소년들 unas mozas 소녀들
     el pelo 머리카락   la puerta 문
     los libros 책들   las mesas 테이블들
예외) una radio 라디오   una mano 손
     una foto 사진   un día 날

기타 o나 a로 끝나지 않는 명사들은 성을 암기해 두어야 한다.

(2) 형용사

일반적으로 스페인어에 있어서 형용사는 명사의 뒤에 와서 명사를 수식한다. 형용사는 명사의 수와 성에 일치시켜야 한다. 남성 단수형 o로 끝나는 형용사는 여성에서는 o가 a로 된다. 남성에서 자음으로 끝나는 일부 형용사는 여성에서는 a를 추가한다. 변화가 일어나지 않는 것들도 있다.

ex)

남성 단수	여성 단수	의미
alto	alta	키가 큰
español	española	스페인의
difícil	difícil	어려운

(3) 복수형

복수형은 모음으로 끝나는 명사나 형용사 뒤에 s, 자음으로 끝나는 명사나 형용사에서는 es를 붙인다.

ex) un perro pequeño 작은 개 한 마리
dos perros pequeños 작은 개 두 마리
un libro azul 파란 책 한 권
dos libros azules 파란 책 두 권

(4) 부정형

동사 앞에 no를 넣는다.

ex) Es suyo. 그의 것이다.
→ No es suyo. 그의 것이 아니다.
Puedo. 나는 할 수 있다.
→ No puedo. 나는 할 수 없다.

(5) 대명사

스페인어에서 usted(축약형으로 Ud. 나 Vd.)와 복수형인 ustedes(Uds.)는 잘 모르는 사람이나 윗사람에게 쓰인다. 친구, 가족, 어린아이에게는 스페인 사람들은 한 사람에게 말하는 경우에는 tú, 둘 이상의 여성에게는 vosotras, 적어도 한 명 이상의 남성이 포함되어 있는 단체에게 말할 때에는 vosotros라고 한다. 만일 누군가가 당신에게 tutearme라고 말하면 그들은 당신에게 tú형(조금 덜 공식적인 표현)을 사용하고자 하는 것이다.

아르헨티나, 파라과이, 우루과이 그리고 중앙 아메리카의 일부 지역과 같은 라틴 아메리카의 몇 개국에서는 대명사 vos가 tú의 위치에 사용된다. 반면에 usted는 스페인어를 말하는 아메리카에서 공식적인 형으로 사용되며 tú가 친근한 표현으로의 당신이라는 의미이다.

(6) 구두점

특별한 구두점에 주의하기 바란다. 거꾸로 된 의문부호(¿)는 의문문 앞에 사용하며, 거꾸로 된 느낌표(¡)는 감탄문 앞에 사용한다.

(7) 동사

동사는 누가 무슨 동작을 하느냐에 따라 어미가 달라진다. 주격대명사(Yo, Ud., El...)는 강조 또는 명백히 할 경우에만 사용되며 스페인어에서는 동사의 어미로 주어를 구별하므로 주어는 그다지 쓰이지 않는다.

ex) comer(먹다)

나는 (yo)	como	우리는 (nosotros)	comemos
너는 (tú)	comes	너희들은 (vosotros)	coméis
그는 (él) 그녀는 (ella) 당신들은 (Ud.)	come	그들은 (ellos / ellas) 당신들은 (ustedes)	comen

존재와 상태를 나타내는 동사는 스페인어에는 2가지가 있다. estar는 위치, 또는 특성이나 상태의 변화를 기술하는 경우에 쓰인다.

Está en casa. 그(녀)는 집에 있다.

Ser는 일반적으로 영구적인 특성을 나타내는데 쓰인다.

Es inglesa. 그녀는 영국인이다.

Ser		Estar	
soy	somos	estoy	estamos
eres	sois	estás	estáis
es	son	está	están

다음의 꼭 알아두어야 할 동사는 불규칙이다. 현재형은 다음과 같다.

Venir (오다)		Ir (가다)		Tener (가지다)	
vengo	venimos	voy	vamos	tengo	tenemos
vienes	venís	vas	vais	tienes	tenéis
viene	vienen	va	van	tiene	tienen

꼭 알아두어야 할 중요한 표지

A Abierto [아비에르또] 영업중

Alquilar / Se alquila [알낄라르/세 알낄라] 임대용

Aparcamiento [아빠르까미엔또] 주차

C Caballeros [까바예로스] 신사용

Ceder [세데르] 양보

Cerrado [세르라도] 폐점

Ciclistas [시끌리스따스] 자전거 도로

Cuidados [꾸이다도스] 주의

D Damas [다마스] 숙녀용

Derrumbes [데르룸베스] 낙석주의

Desvío [데스비오] 우회

Disminuir velocidad [디스미누이르 벨로시닫]

속도를 줄이시오

E Empuje / Empujar [엠뿌헤/엠뿌하르] 미시오

Entrada [엔뜨라다] 입구

Estacionamiento [에스따시오나미엔또] 주차

I Información [인포르마시온] 안내

J Jale / Jalar [할레/할라르] 당기시오

L Lento [렌또] 천천히

N No entrar [노 엔뜨라르] 들어가지 마시오

No fumar [노 푸마르] 금연

No funciona [노 풍시오나] 고장

No molestar [노 몰레스따르] 방해하지 마시오

No pisar el césped [노 삐사르 엘 세스뻬]

                 잔디를 밟지 마시오

No tocar [노 또까르] 손대지 마시오

O Obras de carretera [오브라스 데 까르레떼라] 도로 공사중

P Parada de autobuses [빠라다 데 아우또부세스] 버스정류장

Peligro [뻴리그로] 위험

Peatones [뻬아또네스] 보행자

Primeros auxilios [쁘리메로스 아욱실리오스] 응급 치료[처치]

R Recién pintado [레시엔 삔따도] 칠 주의

Reservado [레세르바도] 예약되었음

S Salida [살리다] 출구

Salida de emergencia [살리다 데 에메르헨시아] 비상구

Se prohibe estacionar [세 쁘로이베 에스따시오나르] 주차금지

Se prohíbe fumar [세 쁘로이베 푸마르] 흡연금지

Se vende [세 벤데] 판매용

Sentido único [센띠도 우니꼬] 일방 통행로

Servicios [세르비시오스] 화장실

Siga a la derecha [시가 알라 데레차] 우측통행

Siga a la izquierda [시가 알라 이스끼에르다] 좌측통행

Sin salida [신 살리다] 출구 없음

T Tire / Tirar [띠레 / 띠라르] 당기시오

Topes [또뻬스] 과속 방지턱

Part 1
기본표현

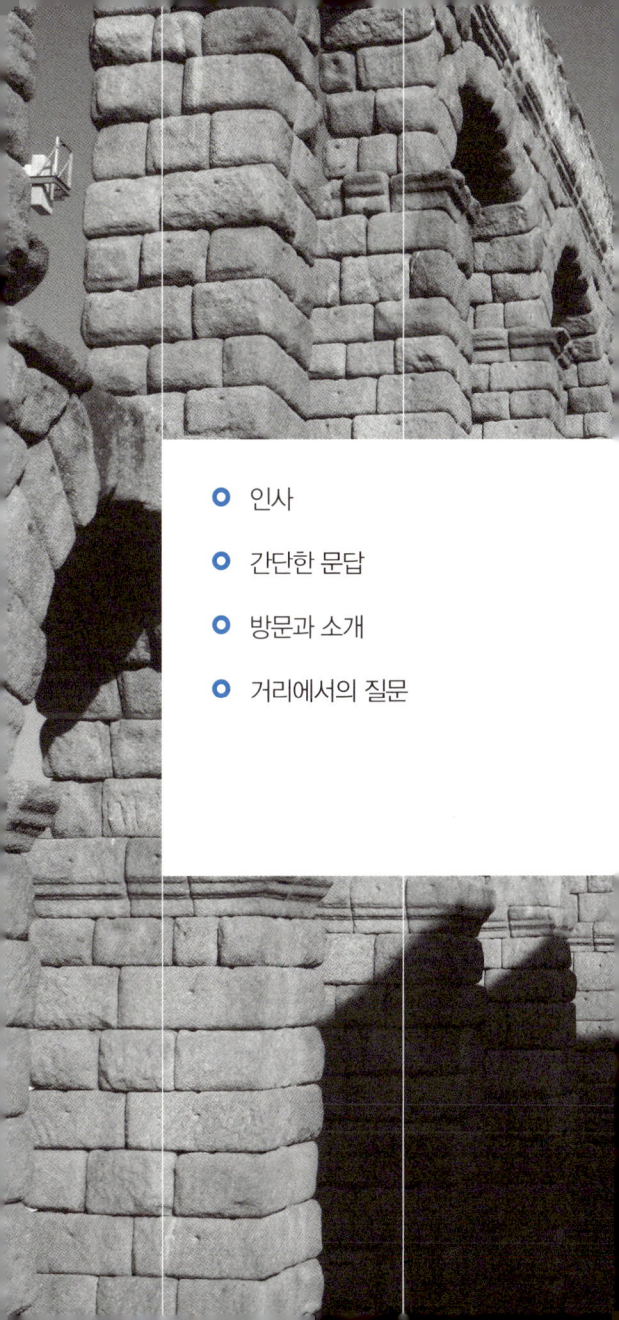

- 인사
- 간단한 문답
- 방문과 소개
- 거리에서의 질문

인사

안녕하세요. 〈영어의 Hi!에 해당〉

잘 오셨어요. 〈남성에게〉

잘 오셨어요. 〈여성에게〉

안녕하세요. 〈아침인사〉

안녕하세요. 〈오후인사〉

안녕하세요. / 잘 주무세요. 〈저녁인사〉

안녕히 가세요. 〈작별인사〉

다음에 봐요. 〈작별인사〉

기본 표현

¡Hola!
올라

¡Bien venido!
비엔 베니도

¡Bien venida!
비엔 베니다

Buenos días.
부에노스 디아스

Buenas tardes.
부에나스 따르데스

Buenas noches.
부에나스 노체스

Adiós.
아디오스

Hasta luego.
아스딸 루에고

간단한 문답

네. / 그래요.

아니오.

좋아요. / 오케이.

좋아요. / 그럽시다.

그렇죠? / 정말이죠? / 맞죠?

제발.

대단히 감사합니다.

천만에요. / 괜찮습니다.

기본 표현

Sí.
시

No.
노

Vale.
발레

De acuerdo.
데 아꾸에르도

¿De verdad?
데 베르닫

Por favor.
뽀르 파보르

Muchas gracias.
무차스 그라시아스

De nada.
데 나다

간단한 문답

천만에요. / 아무 것도 아니에요.

모르겠습니다.

그렇다고 생각합니다.

아니라고 생각합니다.

당신은 어떻게 생각하세요?

그렇고말고. / 왜 아니겠어요.

확실합니까? / 분명하죠? 〈남성에게〉

확실하죠? / 분명하죠? 〈여성에게〉

기본 표현

No hay de qué.
노 아이 데 께

No sé.
노 세

Creo que sí.
끄레오 께 씨

Creo que no.
끄레오 께 노

¿Qué piensa usted?
께 삐엔사 우스떼

¿Por qué no?
뽀르 께 노

¿Está seguro?
에스따 세구로

¿Está segura?
에스따 세구라

37

간단한 문답

좋습니다.

틀림없이 그렇습니다.

아마 그럴 겁니다.

아마. / 모르긴 해도 그럴 겁니다.

그럼 그렇고말고.

물론.

가능합니까?

대단히 감사합니다. 〈남성〉

기본 표현

Está bien.
에스따 비엔

Ciertamente.
시에르따멘떼

Tal vez.
딸 베스

A lo mejor.
알 로 메호르

Claro.
끌라로

Desde luego.
데스델 루에고

¿Es posible?
에스 뽀시블레

Estoy muy agradecido.
에스또이 무이 아그라데시도

간단한 문답

대단히 감사합니다. 〈여성〉

신경쓸 것 없어요. / 괜찮아요.

행운을 빌어요.

조심하세요.

<u>이게</u>   뭡니까?
그게
저게

스페인어로는 뭐라고 합니까?

어때요?

기본 표현

Estoy muy agradecida.
에스또이 무이 아그라데시다

No importa.
노 임뽀르따

¡Buena suerte!
부에나 수에르떼

Tenga cuidado.
뗑가 꾸이다도

¿Qué es esto?
께 에스   에스또
         eso
         에소
         aquello
         아께요

¿Cómo se dice en español?
꼬모 세 디세 엔 에스빠뇰

¿Cómo es?
꼬모 에스

간단한 문답

당신 마음에 드십니까?

아름답습니다.

맛있습니다.

기막히게 좋습니다.

재밌습니다.

감격스럽습니다.

믿기지 않습니다.

(다른 것들과) 달라서 마음에 듭니다.

난 이것에 익숙하지　않습니다. 〈남성〉

　　　　　익숙하지　　　　　〈여성〉

¿Le gusta?
레 구스따

Es hermoso.
에스 에르모소
    delicioso
    델리시오소
    maravilloso
    마라비요소
    interesante
    인떼레산떼
    emocionado
    에모시오나도
    increíble
    인끄레이블레

Me gusta porque es diferente.
메 구스따 뽀르께 에스 디페렌떼

No estoy acostumbrado a esto.
노 에스또이 아꼬스뚬부라도 아 에스또
          acostumbrada
          아꼬스뚬부라다

간단한 문답

화장실이   어디죠?

욕실이

기본 표현

¿Dónde está el servicio?
돈데 에스따 엘 세르비시오

cuarto de baño
꾸아르또 데 바뇨

---

tip

투우와 탱고의
열정이 느껴지는 스페인

- 국명 : 스페인(Spain)
  정식 국명은 에스파냐 왕국. Renio de Espana
- 면적 : 504,788평방km(한반도의 약 2.3배)
- 인구 : 약 4,319만 명(성장률 : 0.2%)
- 수도 : 마드리드(Madrid)
- 민족구성 : 이베리아 켈트계로 카스티야인, 갈리시아인, 바스크인, 안달루시아인, 카탈루냐인으로 구성되어 있다.
- 언어 : 공용어는 카스티야 스페인어
- 종교 : 로마 기톨릭 99%
- 정치체제 : 의회 군주제로 17개 자치주로 구성되어 각각 독자적인 정부. 자치주는 총 50개의 도로 나뉜다.
- 시차 : 한국보다 8시간 느리다.
  섬머타임 기간(3월 마지막 일요일~10월 마지막 일요일)에는 7시간 느리다.
- 통화 : 유로화
- 전압과 플러그 : 전압 220V, 주파수 50Hz, 플러그는 C타입이다.
- 국가번호(전화) : 34

방문과 소개

제 이름은 리까르도입니다.

당신 이름은 무엇입니까?

넌 이름이 뭐니?

<u>그 사람</u>   이름은 뭐죠?
그녀

만나서 반갑습니다.

안녕하세요? / 어떠십니까?

안녕하세요? / 어떠세요?
〈친근한 사람에게〉

기본 표현

Me llamo Ricardo.
메 야모 리까르도

¿Cómo se llama usted?
꼬모 세 야마 우스떼

¿Cómo te llamas tú?
꼬모 떼 야마스 뚜

¿Cómo se llama él?
꼬모 세 야마   엘
          ella
          에야

Mucho gusto en conocerle.
무초 구스또 엔 꼬노세를레

¿Cómo está usted?
꼬모 에스따 우스떼

¿Cómo estás tú?
꼬모 에스따스 뚜

방문과 소개

어떠세요?

아주 좋습니다.

무슨 일입니까?

일은 어떻게 돼가고 있죠?

제 방문증 여기 있습니다.

당신은 어디 출신입니까? 〈나라 / 지역〉

저는 미국인 입니다.
    영국인
    캐나다인

기본 표현

¿Qué tal?
께 딸

Estoy muy bien, gracias; ¿y usted?
에스또이 무이 비엔 그라시아스   이 우스떼

Qué pasa?
께 빠사

¿Cómo van las cosas?
꼬모 반 라스 꼬사스

Aquí tiene mi tarjeta de visita.
아끼 띠에네 미 따르헤따 데 비시따

¿De dónde es usted?
데 돈데 에스 우스떼

Soy de los Estados Unidos.
소이 델 로스 에스따도스 우니도스
    de la Gran Bretaña
    델 라 그란 브레따냐
    del Canadá
    델 까나다

방문과 소개

저는 <u>일본인</u> 입니다.
　　한국인

당신은 어디 사십니까?

뉴욕에 삽니다.

당신은 영어를 합니까?

네, 조금 합니다.

조금 천천히 말해 주시겠어요?

이해 갑니까?

기본 표현

Soy de Japón.
소이 데 하뽄
    de Corea
    데 꼬레아

¿Dónde vive usted?
돈데 비베 우스떼

Vivo en Nueva York.
비보 엔 누에바 욕

¿Habla usted inglés?
아블라 우스떼 잉글레스

Sí, un poquito.
시 움 뽀끼또

Por favor, hable más despacio.
포르 파 보르 아블레 마스 데스빠시오

¿Entiende usted?
엔띠엔데 우스떼

방문과 소개

이해가 안 갑니다.

미안합니다.

따라해 보세요.

죄송합니다.

당신은 가르시아 부인을 아십니까?

당신이 두란 양입니까?

당신에게 <u>무뇨스 씨를</u> 소개하겠습니다.

　　　제 동료를

기본 표현

No entiendo.
노 엔띠엔도

Lo siento.
로 시엔또

Repítalo, por favor.
레삐딸로 뽀르 파보르

Perdone. / Disculpe.
뻬르도네   디스꿀뻬

¿Conoce usted a la señora García?
꼬노세 우스떼 알 라 세뇨라 가르시아

¿Es usted la señorita Durán?
에스 우스떼 라 세뇨리따 두란

Permítame presentarle al señor Muñoz.
뻬르미따메 쁘레센따를레   알 세뇨르 무뇨스

　　　　　　　　　a mi colega
　　　　　　　　　아 미 꼴레가

방문과 소개

당신에게 제 친구들을 소개하겠습니다.

저는 <u>관광객</u> 입니다.
　　　상인

당신은 어디에 묵고 계십니까?

쁘레시덴떼 호텔에서 묵고 있습니다.

이번이 <u>멕시코</u> 첫방문입니다.
　　　스페인

결혼하셨습니까? 〈남성에게〉

결혼하셨습니까? 〈여성에게〉

기본 표현

Permítame presentarle a mis amigos.
뻬르미따메 쁘레센따를레 아 미스 아미고스

Soy turista.
소이 뚜리스따
　　　comerciante
　　　꼬메르시안떼

¿Dónde se hospeda usted?
돈데 세 오스뻬다 우스떼

Estoy en el Hotel Presidente.
에스또이 엔 엘 오뗄 쁘레시덴떼

Esta es mi primera visita a México.
에스따 에스 미 쁘리메라 비시따 아　　메히꼬
　　　　　　　　　　　　　　　　　España
　　　　　　　　　　　　　　　　　에스빠냐

¿Está casado?
에스따 까사도

¿Está casada?
에스따 까사다

55

방문과 소개

당신 가족에게 제 안부를 전해주세요.

    아내에게

    부인에게

    남편에게

    아버지에게

    딸에게

    아들에게

    여동생 / 누나에게

    남동생 / 형에게

    고모 / 이모에게

    삼촌 / 고모부 / 이모부에게

토요일에 저희 집에 오시겠어요?

기본 표현

Mis recuerdos a su <u>familia</u>.
미스 레꾸에르도스 아 수 퐈밀리아

mujer
무헤르

esposa
에스뽀사

marido
마리도

padre
빠드레

hija
이하

hijo
이호

hermana
에르마나

hermano
에르마노

tía
띠아

tío
띠오

¿Quisiera venir usted a mi casa el sásabo?
끼시에라 베니르 우스떼 아 미 까사 엘 싸바도

방문과 소개

저희 집에 점심식사하러 오시겠습니까?

아페리티프 한 잔 하러

뭐 하십니까?

어디 가십니까?

일하러 갑니다.

가게에

당신과 같이 가도 되겠습니까?

나는 7시 전에 돌아와야 합니다.

¿Le gustaría venir a mi casa para
레 구스따리아 베니르 아 미 까사 빠라

　　　　　　　　el almuerzo?
　　　　　　　　엘 알무에르소
　　　　　　　　un aperitivo
　　　　　　　　운 아뻬리띠보

¿Qué hace?
께 아세

¿Adónde va?
아돈데 바

Voy al trabajo.
보이　알 뜨라바호
　　　a las tiendas
　　　알 라스 띠엔다스

¿Podría ir con usted?
뽀드리아 이르 꼰 우스떼

Tengo que volver antes de las siete.
뗑고 께 볼베르 안떼스 델 라스 시에떼

방문과 소개

기다려 주십시오.

우리들은 지금 당장 갑니다.

준비 됐습니까?〈남성에게 물을 때〉

준비 됐습니까? 〈여성에게 물을 때〉

우리들은 급합니다.

다비드는 집에 있습니까?

없습니다.

기본 표현

Espéreme, por favor.
에스뻬레메 뽀르 파보르

Nos vamos ahora mismo.
노스 바모스 아오라 미스모

¿Está listo?
에스딸 리스또

¿Está lista?
에스딸 리스따

Tenemos prisa.
떼네모스 쁘리사

¿Está David en casa?
에스따 다비드 엔 까사

No está.
노 에스따

방문과 소개

언제 돌아오십니까?

당신은 누구십니까?

들어오십시오.

앉으십시오.

당신 집에 있습니다[마음 편히 하세요].

뭐 좀 드시겠습니까?
    마시겠습니까

기본 표현

¿Cuándo volverá?
꾸안도 볼베라
¿Cuándo regresará?
꾸안도 볼베라꾸안도 레그레사라

¿Quién es?
끼엔 에스

Adelante!
아델란떼
Entre!
엔뜨레

Siéntese, por favor.
시엔떼세 뽀르 파보르

Está en su casa.
에스따 엔 수 까사

¿Le gustaría algo de comer?
레 구스따리아 알고 데   꼬메르
                      beber
                      베베르

방문과 소개

담배 피우십니까?

불 좀 있으세요?

저는 담배를 피우지 않습니다.

담배 좀 피우지 않으셨으면 합니다만.

아주 즐거운 시간이었습니다.

빠른 시일 내에 저희들을 다시 방문하여 주십시오.

¿Fuma usted?
푸마 우스떼

¿Tiene fuego?
띠에네 푸에고

No fumo.
노 푸모

¿Le molesta no fumar, por favor?
레 몰레스따 노 푸마르 뽀르 파보르

He pasado un rato muy agradable.
에 빠사도 운 라또 무이 아그라다블레

Vuelva pronto a visitarnos.
부엘바 쁘론또 아 비시따르노스

바보는 방황하고 현명한 사람은 여행한다. -T.플러-

거리에서의 질문

<u>공원이</u>　어디 있습니까?

한국 대사관이

중앙 광장이

<u>교회에</u>　가려면 어디로 갑니까?

성당에

호텔에

이 근처에 식료품 가게가 있습니까?

이 거리 이름은 무엇입니까?

유적지까지는 거리가 얼마나 됩니까?

기본 표현

¿Dónde está el parque?
돈데 에스따 엘 빠르께

　　　　　la Embajada de Corea del Sur
　　　　　라 엠바하다 데 꼬레아 델 수르

　　　　　la plaza mayor
　　　　　라 쁠라사 마요르

¿Por dónde se va a la iglesia?
뽀르 돈데 세 바 알 라 이글레시아

　　　　　　　　a la catedral
　　　　　　　　알 라 까떼드랄

　　　　　　　　al hotel
　　　　　　　　알 오뗄

¿Hay una tienda de comestibles cerca de aquí?
아이 우나 띠엔다 데 꼬메스띠블레스 세르까 데 아끼

¿Cuál es el nombre de esta calle?
꾸알 에스 엘 놈브레 데 에스따 까예

¿A qué distancia están las ruinas?
아 께 디스딴시아 에스딴 라스 루이나스

거리에서의 질문

<u>북쪽으로</u>　가는 길이 어느 길입니까?

남쪽으로

동쪽으로

서쪽으로

저는 길을 잃었습니다. ⟨남자⟩

저는 길을 잃었습니다. ⟨여자⟩

여기가 어디입니까?

좀 적어주세요.

기본 표현

¿Cuál es el camino hacia el norte?
꾸알 에스 엘 까미노 아시아 엘　　노르떼

sur
수르

este
에스떼

oeste
오에스떼

Estoy perdido.
에스또이 뻬르디도

Estoy perdida.
에스또이 뻬르디다

¿Dónde estoy?
돈데 에스또이

Escríbalo, por favor.
에스끄리발로 뽀르 파보르

거리에서의 질문

오른쪽으로   가십시오.

왼쪽으로

계속 앞으로 가세요.

기본 표현

Tome la derecha.
또멜 라   데레차

　　　　izquierda
　　　　이스끼에르다

Siga derecho.
시가 데레초

---

tip

스페인의 기후

스페인은 지형과 해류의 영향으로 지방마다 기후가 다르다. 사계절이 명확한 편이나 지역에 따라 큰 차이를 보인다. 북쪽지역은 비가 많이 내리며 여름에 굉장히 덥다. 마드리드를 중심으로 한 중부지역은 밤낮의 기온차가 심하며, 여름은 덥고 겨울은 추운 대륙성 기후이다. 남부와 동부 등의 지중해 연안 지역은 연간 온난하며 건조한 지중해성 기후이다. 겨울에도 온난한 지역이기 때문에 코스타 델 솔의 경우에는 두꺼운 옷이 필요 없다.

스페인이라 하면 태양의 나라, 무척 더울 것 같은 느낌을 받지만 사실 습도차이 때문에 덥기는 한국과 비슷하다고 생각하면 된다. 7~8월의 가장 붐비는 여름휴가 시즌보다는 여행에 가장 적합한 시즌은 날씨가 좋은 4~6월이나 9~10월이다. 그 시기에 여행을 하면 극심한 더위와 북적거리는 여행 인파를 피할 수 있다.

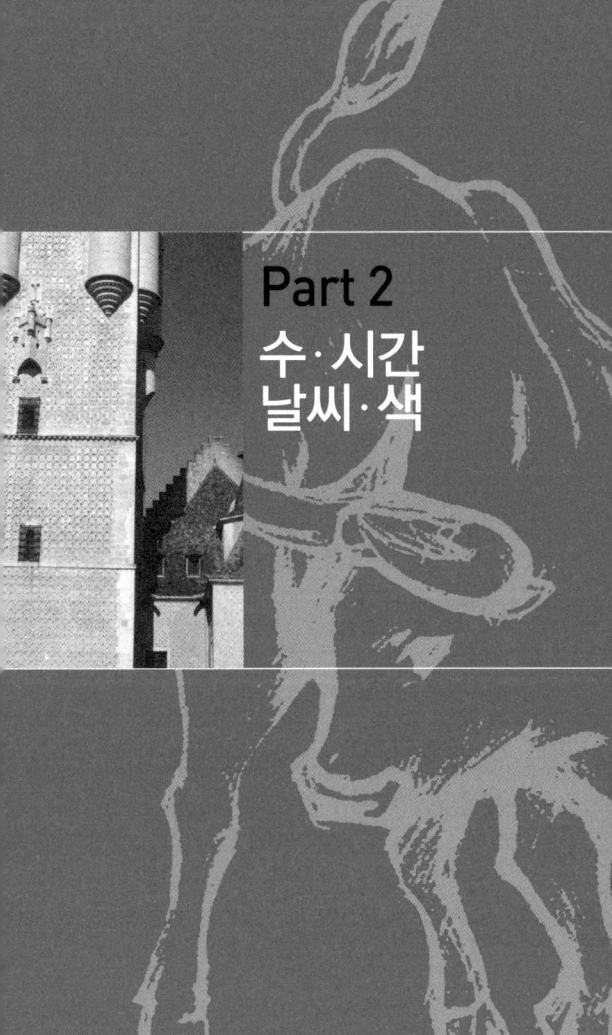

Part 2
수·시간 날씨·색

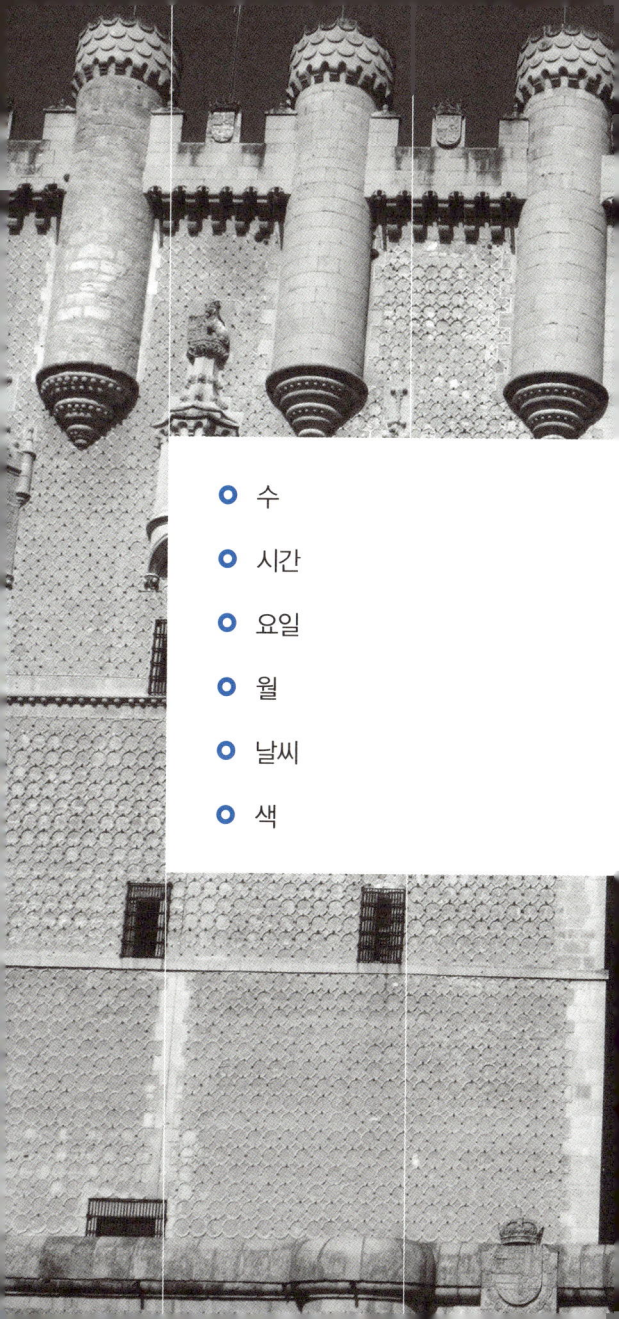

- 수
- 시간
- 요일
- 월
- 날씨
- 색

수

1	uno	우노
2	dos	도스
3	tres	뜨레스
4	cuatro	꾸아뜨로
5	cinco	싱꼬
6	seis	세이스
7	siete	시에떼
8	ocho	오초
9	nueve	누에베
10	diez	디에스
11	once	온세
12	doce	도세
13	trece	뜨레세
14	catorce	까또르세
15	quince	낀세

16 **diez y seis / dieciséis**
디에스 이 세이스   디에시세이스

17 **diez y siete / diecisiete**
디에스 이 시에떼   디에스시에떼

18	**diez y ocho / dieciocho** 디에스 이 오초 디에시오초	
19	**diez y nueve / diecinueve** 디에스 이 누에베 디에스누에베	
20	**veinte** 베인떼	
21	**veintiuno** 베인띠우노	
22	**veintidós** 베인띠도스	
30	**treinta** 뜨레인따	
40	**cuarenta** 꾸아렌따	
50	**cincuenta** 싱꾸엔따	
60	**sesenta** 세센따	
70	**setenta** 세뗀따	
80	**ochenta** 오첸따	
90	**noventa** 노벤따	
100	**ciento** 시엔또	
200	**dos cientos** 도스 시엔또스	
500	**quinientos** 끼니엔또스	
1,000	**mil** 밀	
백만	**un millón** 움 미욘	

수

첫번째

두번째

세번째

네번째

한번

두번

10%

당신은 몇 살이십니까?

저는 33살입니다.

el primero
엘 쁘리메로

segundo
쎄군도

tercero
떼르세로

cuarto
꾸아르또

una vez
우나 베스

dos veces
도스 베세스

diez por ciento
디에스 뽀르 시엔또

¿Cuántos años tiene usted?
꾸안또스 아뇨스 띠에네 우스떼

Tengo treinta y tres años.
뗑고 뜨레인따 이 뜨레스 아뇨스

시간

시계

1초

1분

1시간

몇 시입니까?

1시입니다.

4시입니다.

8시 10분 전입니다.

un reloj
운 렐로

un segundo
운 쎄군도

un minuto
운 미누또

una hora
우나 오라

¿Qué hora es?
께 오라 에스

Es la una.
에슬 라 우나

Son las cuatro.
손 라스 꾸아뜨로

Son las ocho menos diez.
손 라스 오초 메노스 디에스

시간

9시 15분입니다.

1시 30분입니다.

<u>이른</u> 시간입니다.
늦은

새벽 3시에

4시 정각에

Son las lueve y cuarto.
손 라스 누에베 이 꾸아르또

Es la una y media.
에슬 라 우나 이 메디아

Es temprano.
에스 뗌쁘라노
    tarde
    따르데

a las tres de la mañana
알 라스 뜨레스 델 라 마냐나

a las cuatro en punto
알 라스 꾸아뜨로 엠 뿐또

시간

정오에   보자.

저녁 12시에

내일 6시에

오늘 오후에

오후에

오늘 저녁에

Nos encontraremos al mediodía.
노스 엔꼰뜨라레모스 　 알 메디오디아
　　　　　　　　　 a la medianoche
　　　　　　　　　 알 라 메디아노체
　　　　　　　　　 mañana a las seis
　　　　　　　　　 마냐나 알 라스 세이스
　　　　　　　　　 esta tarde
　　　　　　　　　 에스따 따르데
　　　　　　　　　 por la tarde
　　　　　　　　　 뽀를 라 따르데
　　　　　　　　　 esta noche
　　　　　　　　　 에스따 노체

널리 여행하면 현명해진다. -영국 속담-

요일

월요일 lunes 루네스
화요일 martes 마르떼스
수요일 miércoles 미에르꼴레스
목요일 jueves 후에베스

날마다

나는 오늘 떠납니다.

내일

모레

다음 주에

어제 도착했습니다.

그저께

지난 주에

저번 날에

금요일 viernes 비에르네스

토요일 sábado 싸바도

일요일 domingo 도밍고

todos los días
또도스 로스 디아스

Me marcho hoy.
메 마르초   오이
　　　　　mañana
　　　　　마냐나
　　　　　pasado mañana
　　　　　빠사도 마냐나
　　　　　la semana próxima
　　　　　라 세마나 쁘록시마

Llegué ayer.
예게   아예르
　　　anteayer
　　　안떼아예르
　　　la semana pasada
　　　라 세마나 빠사다
　　　el otro día
　　　엘 오뜨로 디아

월

1월	enero	에네로
2월	febrero	페브레로
3월	marzo	마르소
4월	abril	아브릴
5월	mayo	마요
6월	junio	후니오

오늘이 며칠입니까?

5월 6일입니다.

오늘은 무슨 요일입니까?

이번 주

다음 달

7월	julio	훌리오
8월	agosto	아고스또
9월	septiembre	셉띠엠브레
10월	octubre	옥뚜브레
11월	noviembre	노비엠브레
12월	diciembre	디시엠브레

¿Cuál es la fecha de hoy?
꾸알 에슬 라 페차 데 오이

Es el seis de mayo.
에스 엘 세이스 데 마요

¿Qué día es hoy?
께 디아 에스 오이

esta semana
에스따 세마나

el mes próximo
엘 메스 쁘록씨모

월

지난 해

봄 입니다.

여름

가을

겨울

수시간 날씨색

el año pasado
엘 아뇨 빠사도

Es la primavera.
에스 라 쁘리마베라

el verano
엘 베라노

el otoño
엘 오또뇨

el invierno
엘 임비에르노

---

tip

스페인의 공휴일
- 새해 1/1
- 주현절 1/6
- 4월 성 목요일
- 4월 성 금요일
- 노동절 5/1
- 성모 승천제 8/15
- 이스파니아데이 10/12
- 모든 성인의 날 11/1
- 헌법의 날 12/6
- 성모 수태고지의 날 12/8
- 크리스마스 12/25

마드리드 지역 경축일
- 산 호세의 날 대체 휴일 3/20
- 마드리드 자치주의 날 5/2
- 산 이시드로의 날 5/15
- 성모 알무데나의 날 11/9

바르셀로나 지역 경축일
- 성령강림제 6/5
- 산 후안의 날 6/24
- 카탈루냐 자치주의 날 9/11
- 성모 메르세데의 날 9/24
- 성 에스테반의 날 12/26

날씨

오늘 날씨는 어때요?

날씨가 춥습니다.

    화창합니다

    덥습니다

    해가 났습니다

    바람이 붑니다

비가 옵니까?

눈이 옵니까?

내일 날씨는 어떨까요?

시간 날씨색

¿Qué tiempo hace hoy?
께 띠엠뽀 아세 오이

Hace frío.
아세 프리오
    buen tiempo
    부엔 띠엠뽀
    calor
    깔로르
    sol
    솔
    viento
    비엔또

¿Llueve?
유에베

¿Nieve?
니에베

¿Qué tiempo hará mañana?
께 띠엠뽀 아라 마냐나

날씨

서늘할 겁니다.

흐릴

추울

여기는 건조합니다.

　　　습기가 많습니다

Estará fresco.
에스따라 프레스꼬

nublado
누블라도

helado
엘라도

Está seco aquí.
에스따 세꼬 아끼

húmedo
우메도

여행하는 것은 보기 위한 것이다. -탄자니아 속담-

색

무슨 색입니까?

검정색 입니다.

파란색

갈색

진갈색

회색

녹색

핑크색

보라색

빨간색

흰색

노랑색

수시간 날씨색

¿De qué color es?
데 께 꼴로르 에스

Es negro.
에스 네그로

azul
아술

marrón
마론

castaño
까스따뇨

gris
그리스

verde
베르데

rosado
로사도

morado
모라도

rojo
로호

blanco
블랑꼬

amarillo
아마리요

Part 3
상황표현

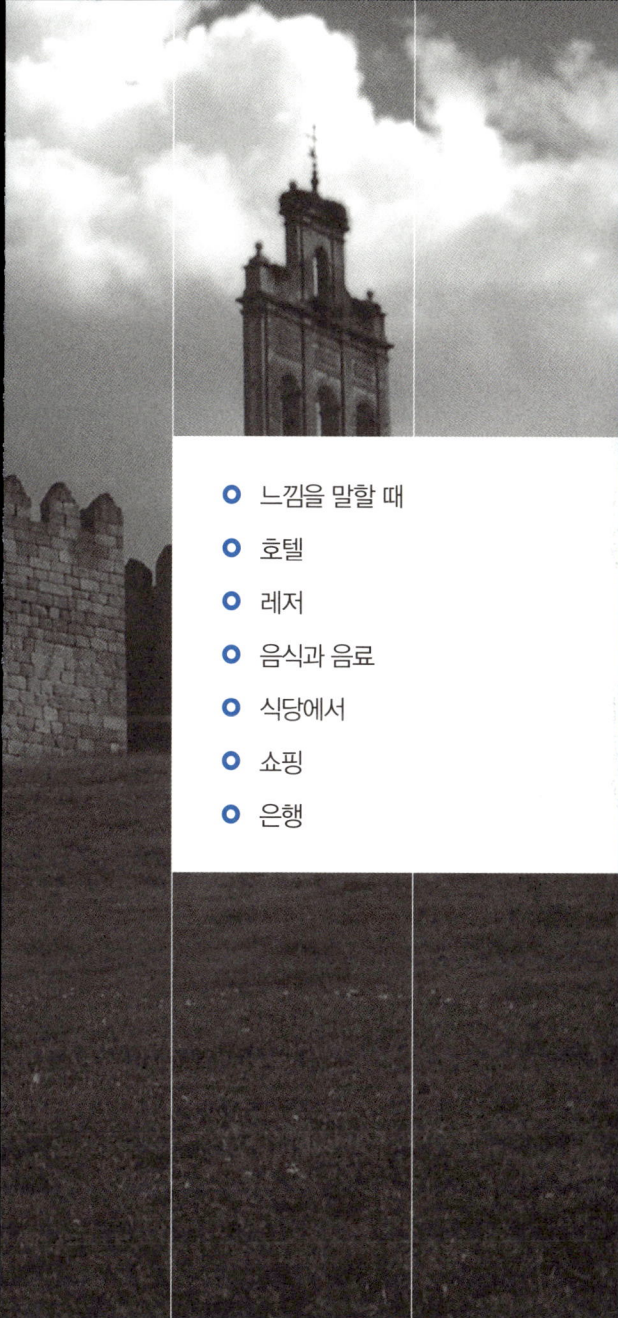

- 느낌을 말할 때
- 호텔
- 레저
- 음식과 음료
- 식당에서
- 쇼핑
- 은행

느낌을 말할 때

무슨 문제가 있습니까?

괜찮습니까?

나는 <u>춥습니다</u>.

    덥습니다

    배가 고픕니다

    목마릅니다

    졸립습니다

나는 <u>화가 났습니다</u>.

    화가 났습니다

    만족합니다

    젖었습니다

¿Qué le molesta?
깰 레 몰레스따

¿Está bien?
에스따 비엔

Tengo frío.
뗑고 프리오
　　　calor
　　　깔로르
　　　hambre
　　　암브레
　　　sed
　　　세
　　　sueño
　　　수에뇨

Estoy enojado.
에스또이 에노하도
　　　enfadado
　　　엔파다도
　　　contento
　　　꼰뗀또
　　　mojado
　　　모하도

느낌을 말할 때

나는 피곤합니다.

　　슬픕니다

제발 혼자 있게 해주세요. 〈남자〉

제발 혼자 있게 해주세요. 〈여자〉

Estoy cansado.
에스또이 깐사도

triste
뜨리스떼

Déjeme solo, por favor.
데헤메 솔로 뽀르 파보르

Déjeme sola, por favor.
데헤메 솔라 뽀르 파보르

> **tip**
>
> ### 스페인에서의 쇼핑
>
> 스페인은 가죽 제품이 유명하다. 스페인 국적의 브랜드인 로에베(Loewe)는 유럽의 3대 피혁 메이커 중의 하나로 최고급의 가죽 제품을 자랑한다.
>
> 스페인의 바겐세일은 레바하(Rebaja)라고 하는데 기간은 여름(7~8월)과 겨울(1~2월)에 크게 2번이 있다.
>
> 스페인 여행 중에 반드시 만나게 되는 엘 코르테 잉글레스(El Corte Ingles)는 스페인 전 지역에 체인점을 가지고 있는 대표적인 백화점이므로 한 번 들러보도록 하자.

호텔

예약했습니다.

더블을 예약하셨습니까?

싱글을

목욕탕이 있습니까?

샤워실이

에어컨이

하루에 요금이 얼마입니까?

저녁 식사는 포함돼 있습니까?

이틀 동안 머물 것입니다.

Tengo una reservación.
뗑고 우나 레세르바시온

¿Tiene una habitación con cama matrimonial?
띠에네 우나 아비따시온 꼰 까마 마뜨리모니알

sencilla
센시야

¿Tiene una habitación con baño?
띠에네 우나 아비따시온 꼰 바뇨

ducha
두차

aire acondicionado
아이레 아꼰디시오나도

¿Cuál es la tarifa por día?
꾸알 에슬 라 따리파 뽀르 디아

¿Está incluida la cena?
에스따 인끌루이다 라 세나

Me quedaré dos noches.
메 께다레 도스 노체스

호텔

좀 더 <u>좋은</u> 방이 있습니까?

    싼

    큰

    조용한

<u>성(姓)은</u> 어떻게 되십니까?

주소는

아침 6시에 깨워주세요.

열쇠 좀 주시겠어요?

제 방은 몇 층에 있습니까?

엘리베이터를 타십시오.

¿Hay una habitación mejor?
아이 우나 아비따시온 메호르

más barata
마스 바라따

más grande
마스 그란데

más tranquila
마스 뜨랑낄라

¿Su apellido, por favor?
수 아뻬이도 뽀르 파보르

dirección
디렉시온

Despiérteme por favor a las seis de la mañana.
데스삐에르떼메 뽀르 파보르 알 라스 세이스 델 라 마냐나

¿Me puede dar la llave, por favor?
메 뿌에데 다르 라 야베 뽀르 파보르

¿En qué piso está mi habitación?
엔 께 삐소 에스따 미 아비따시온

Tome el ascensor.
또메 엘 아센소르

호텔

계단을 올라가십시오.

    내려가십시오

온수가 없습니다.

나는 얼음이 필요합니다.

    다른 담요가

    선풍기가

    히터가

    다리미가

    베개가

    샴푸가

    비누가

    화장지가

상황 표현

Suba la escalera.
수바 라 에스깔레라

Baje
바헤

No hay agua caliente.
노 아이 아구아 깔리엔떼

Necesito **hielo**.
네세시또 이엘로

otra manta
오뜨라 만따

un ventilador eléctrico
운 벤띨라도르 엘렉뜨리꼬

un calentador
운 깔렌따도르

una plancha
우나 쁠란차

una almohada
우나 알모아다

champú
참뿌

jabón
하본

papel higiénico
빠뻴 이히에니꼬

호텔

나는 수건이 필요합니다.

몇 시에 아침 먹습니까?

식당은 어디 있습니까?

이 옷을 세탁소에 좀 보내주실 수 있겠습니까?

<u>세탁소에</u>　가는 길 좀 가르쳐 주시겠어요?

미장원에 〈남성〉

미장원에 〈여성〉

이발소에

저는 오늘 떠납니다.

Necesito una toalla.
네세시또 우나 또아야

¿A qué hora se sirve el desayuno?
아 께 오라 세 시르베 엘 데사유노

¿Dónde está el comedor?
돈데 에스따 엘 꼬메도르

¿Es posible que se mande esta ropa a la lavandería?
에스 뽀시블레 께 세 만데 에스따 로빠 알 라 라반데리아

¿Puede dirigirme a la tintorería?
뿌에데 디리히르메   알 라 띤또레리아

　　　　　　　al salón de belleza
　　　　　　　알 살론 데 베예사
　　　　　　　a la peluquería
　　　　　　　알 라 뻴루께리아
　　　　　　　a la barbería
　　　　　　　알 라 바르베리아

Me marcho hoy.
메 마르초 오이
Salgo hoy.
살고 오이

호텔

지배인과 얘기 좀 하고 싶은데요?

택시 좀 불러 주십시오.

Quisiera hablar con el gerente.
끼시에라 아블라르 꼰 엘 헤렌떼

Por favor, llame un taxi.
뽀르 파보르 야메 운 딱시

tip

스페인에서의 숙박

스페인에서는 유스호스텔을 'ALBERGUE'라고 한다. 전국적으로 100여 개 정도의 유스호스텔이 있다.
호텔은 규모나 시설에 따라 5등급으로 나뉘며 별의 수가 많을수록 고급이며 요금이 비싸다. 호스탈은 호텔보다 수준은 낮지만 깨끗하고 요금도 저렴하다. 별 1개에서 3개까지 3등급으로 나누어져 있다. 우리나라의 여관, 하숙과 비슷한 곳인 펜시온은 저렴하지만 다양한 설비를 갖추고 있어 편안하고 친절한 서비스를 받을 수 있다.
레스토랑이 없는 호텔 또는 호스탈인 레지덴시아는 바(BAR)와 커피 바 등이 있으며 아침식사와 룸서비스를 제공받을 수 있다. 호텔이나 오스탈 뒤에 R이 붙은 것이 호텔 레지덴시아, 오스탈 레지덴시아이다.
스페인에서 특별히 볼 수 있는 숙박 형태인 파라도르는 대부분 옛 성이나 궁전, 수도원 등 예술적 가치가 있고 역사적으로 기념할 만한 건물을 개조하여 만든 것으로 이곳에서는 최상급 수준의 호텔시설과 서비스를 제공한다.

레저

어디서 골프를 칠 수 있습니까?
      테니스를 할
      스키를 탈

나는 해변에 가고 싶습니다.
    수영장에
    수영장에 〈멕시코〉
    산에
    바다에
    들에
    도시에

당신은 기타를 칠 줄 아십니까?
     피아노를

¿Dónde podemos jugar al golf?
돈데 뽀데모스 후가르 알 골프

jugar al tenis
후가르 알 떼니스

esquiar
에스끼아르

Me gustaría ir a la playa.
메 구스따리아 이르 알 라 쁠라야

a la piscina
알 라 삐시나

a la alberca
알 라 알베르까

a la montaña
알 라 몬따냐

al mar
알 마르

al campo
알 깜뽀

a la ciudad
알 라 시우다

¿Puede usted tocar la guitarra?
뿌에데 우스떼 또까르 라라 기따

el piano
엘 삐아노

레저

우리들 사진을 한 장만 찍어 주시겠어요?

우리들은 전통 춤을 　보고 싶습니다.
　　　　　마을을
　　　　　축제를

발레 공연　입장표 두 장을 원합니다.
연주회

남아있는 입장권이 없습니다.

나는 극장에　가고 싶습니다.
　　영화관에
　　축구 경기를 보러

¿Puede usted tomar una foto de nosotros?
뿌에데 우스떼 또마르 우나 포또 데 노소뜨로스

Nos gustaría ver un baile tradicional.
노스 구스따리아 베르 움 바일레 뜨라디시오날
　　　　　　　una aldea
　　　　　　　우나 알데아
　　　　　　　una fiesta
　　　　　　　우나 피에스따

Quisiera dos boletos para el ballet.
끼시에라 도스 볼레또스 빠라 엘 발레
　　　　　　　　　　el concierto
　　　　　　　　　　엘 꼰시에르또

No quedan entradas.
노 께단 엔뜨라다스

Me gusta ir al teatro.
메 구스따 이르 알 떼아뜨로
　　　　　al cine
　　　　　알 씨네
　　　　　a un partido de fútbol
　　　　　아 운 빠르띠도 데 풋볼

레저

나는 <u>박물관에</u> 가고 싶습니다.
　　　투우장에

<u>공연은</u> 몇 시에 시작합니까?
순회공연은

오늘 저녁에 무슨 영화를 상영합니까?

매표소가 어디입니까?

근처에 <u>나이트클럽이</u> 있습니까?
　　　　디스코클럽이

Me gusta ir al museo.
메 구스따 이르 알 무세오
　　　　　　　a la plaza de toros
　　　　　　　알 라 쁠라사 데 또로스

¿A qué hora empieza la obra?
아 께 오라 엠삐에사 　　　라 오브라
　　　　　　　　　　la gira
　　　　　　　　　　라 히라

¿Qué película pasan esta noche?
께 뻴리꿀라 빠산 에스따 노체

¿Dónde está la taquilla?
돈데 에스딸 라 따끼야

¿Hay un club nocturno cerca?
아이 운 끌룹 녹뚜르노 　 쎄르까
　　　una discoteca
　　　우나 디스꼬떼까

음식과 음료

시장이   어디 있습니까?

슈퍼마켓이

제과점이

어디에서 과일을   살 수 있습니까?

　　　　　사과를

　　　　　바나나를*

　　　　　바나나를

　　　　　체리를

　　　　　무화과를

　　　　　포도를

　　　　　레몬을

　　　　　멜론을

*찌거나 구워서 먹는 큰 사이즈의 잘 익은 바나나

¿Dónde está el mercado?
돈데 에스따 엘 메르까도

el supermercado
엘 수뻬르메르까도

la panadería
라 빠나데리아

¿Dónde puedo comprar fruta?
돈데 뿌에도 꼼쁘라르 프루따

manzanas
만사나스

plátanos
쁠라따노스

bananas
바나나스

cerezas
세레사스

higos
이고스

uvas
우바스

limones
리몬네스

melón
멜론

음식과 음료

어디에서 오렌지를 살 수 있습니까?

        복숭아를

        복숭아를*

        배 1kg을

        파인애플을

        자두를

        건포도를

        산딸기를

        딸기를

        수박을

*페르시아 복숭아 및 변종 복숭아나무들의 열매

나는 야채를 좋아합니다.

    야채를

    큰 강낭콩을

*우리나라에는 없는 종자

¿Dónde puedo comprar naranjas?
돈데 뿌에도 꼼쁘라르 나랑하스

melocotones
멜로꼬또네스

duraznos*
두라스노스

un kilo de peras
운 낄로 데 뻬라스

piñas
삐냐스

ciruelas
시루엘라스

pasas
빠사스

frambuesas
프람부에사스

fresas
프레사스

sandía
산디아

Prefiero verduras.
쁘레피에로 베르두라스

legumbres
레굼브레스

habas
아바스

음식과 음료

나는 강낭콩을 좋아합니다.

    배추를

    당근을

    콜리플라워를

    이집트 콩을

    오이를

    가지를

    마늘을

    양상추를

    양송이를

    버섯류를

    올리브 열매를

    양파를

    완두콩을

Prefiero frijoles.
쁘레피에로 프리홀레스

　col
　꼴

　zanahorias
　사나오리아스

　coliflor
　꼴리플로르

　garbanzos
　가르반소스

　pepinos
　뻬삐노스

　berenjenas
　베렝헤나스

　ajo
　아호

　lechuga
　레추가

　champiñones
　참삐뇨네스

　hongos
　옹고스

　aceitunas
　아세이뚜나스

　cebollas
　쎄보야스

　guisantes
　기산떼스

음식과 음료

나는 치차로스를 〈멕시코〉 좋아합니다.

    피망을

    감자를 〈LA〉

    감자를 〈스페인〉

    껍질 콩(강낭콩)을

    껍질 콩(삶은 풋강낭콩)을

    토마토를

고기 팝니까?

돼지비계

쇠고기

바비큐 통닭

햄

양고기

Prefiero chícharos.
쁘레피에로 치차로스

pimientos
삐미엔또스

papas
빠빠스

patatas
빠따따스

judías verdes
후디아스 베르데스

habichuelas verdes
아비추엘라스 베르데스

tomates
또마떼스

¿Vende usted carne?
벤데 우스떼   까르네

tocino
또시노

carne de res
까르네 데 레스

pollo asado
뽀요 아사도

jamón
하몬

carne de cordero
까르네 데 꼬르데로

음식과 음료

돼지고기 팝니까?

소시지

나는 해물을 좋아합니다.

　　멸치류를

　　굴을

　　새우를 〈LA〉

　　새우를 〈스페인〉

나는 생선을 좋아합니다.

　　게를

　　가재를

　　연어를

　　송어를

¿Vende usted carne de puerco?
벤데 우스떼   까르네 데 뿌에르꼬
salchichas
살치차스

Me gustan los mariscos.
메 구스딴   로스 마리스꼬스
las anchoas
라스 안초아스
las ostras
라스 오스뜨라스
los camarones
로스 까마로네스
las gambas
라스 감바스

Me gusta el pescado.
메 구스따   엘 뻬스까도
el cangrejo
엘 깡그레호
la langosta
라 랑고스따
el salmón
엘 살몬
la trucha
라 뜨루차

음식과 음료

빵을　사야 합니다.

버터를

파이를

케이크를

사탕을

캔디를

치즈를

쿠키를

비스킷을

우유를

국수를

호두를

올리브 기름을

쌀을

Necesito comprar pan.
네세시또 꼼쁘라르   빤

mantequilla
만떼끼야

una torta
우나 또르따

un pastel
움 빠스뗄

dulces
둘세스

confites
꼰피떼스

quesos
께소스

bizcochos
비스꼬초스

galletas
가예따스

leche
레체

fideos
피데오스

nueces
누에세스

aceite de oliva
아세이떼 데 올리바

arroz
아로스

음식과 음료

<u>샌드위치를</u>　사야 합니다.

샌드위치를 〈멕시코〉

식초를

어디에서 <u>소다수를</u>　살 수 있나요?

　　　　병에 든 물을

　　　　생수를

계란 6개 주세요.

<u>1리터</u>　주세요.

1킬로그램

100그램

Necesito comprar un bocadillo.
네세시또 꼼쁘라르 움 보까디요
  una torta
  우나 또르따
  vinagre
  비나그레

¿Dónde puedo comprar agua con gas?
돈데 뿌에도 꼼쁘라르 아구아 꼰 가스
  en botella
  엠 보떼야
  sin gas
  신 가스

Quisiera media docena de huevos.
끼시에라 메디아 도세나 데 우에보스

Déme un litro, por favor.
데메 운 리뜨로 뽀르 파보르
  un kilo
  운 낄로
  cien gramos
  시엔 그라모스

음식과 음료

<u>차</u> 한 잔 주세요.

블랙커피

밀크커피

설탕과 크림을 넣은 커피

<u>레모네이드를</u> 좋아하십니까?

오렌지주스를 〈LA〉

오렌지주스를 〈스페인〉

레몬티를

청량음료를

적 포도주를

백 포도주를

상황 표현

¿Me puede dar un té?
메 뿌에데 다르 　 운 떼

　　　un café solo
　　　운 까페 솔로

　　　un café con leche
　　　운 까페 꼰 레체

　　　un café con crema y azúcar
　　　운 까페 꼰 끄레마 이 아수까르

¿Le gustaría una limonada?
레 구스따리아 　 우나 리모나다

　　　un jugo
　　　운 후고

　　　un zumo
　　　운 수모

　　　un té con limón
　　　운 떼 꼰 리몬

　　　un refresco
　　　운레 프레스꼬

　　　un vino tinto
　　　운 비노 띤또

　　　un vino blanco
　　　운 비노 블랑꼬

음식과 음료

<u>럼주 한 잔</u>   주세요.

맥주 한 잔

꼬냑 한 잔

셰리주 한 잔

Quisiera un ron, por favor.
끼시에라 운 론 뽀르 파보르

una cerveza
우나 세르베사

un coñac
운 꼬냑

un jerez
운 헤레스

---

tip

스페인 음식

스페인은 지형과 해류의 영향으로 지방마다 기후와 풍토가 매우 다르기 때문에 각 지방에서 나는 재료가 달라 그에 따라서도 요리의 종류와 특징이 달라진다.

북부지방의 바스끄 지역이나 갈리시아 지역
주로 삶는 요리가 유명하다. 칸타브리아 해에 면해 있는 지역이기 때문에 언제나 신선한 해산물이 풍부하다.

중부지방 마드리드와 카스띠야 지역
채소를 섞어 끓인 음식인 퍼스트 만체고와 양젖치즈가 유명하다. 똘레도에서는 새 구이 요리가 맛있으며 전체적으로 구이요리가 유명하다.

남부 안달루시아 지역
튀김요리를 많이 하며 특히 세비야지역의 생선프라이는 유명해 안달루시아 전 지역에서 맛볼 수 있다. 토마토를 주재료로 한 카스파쵸 역시 안달루시아지역에서 많이 먹는 음식이다.

해안 말라가 지역
해안지역요리는 내륙지방과는 다른 면을 보이며 말라가 지역에서는 볶은 물고기와 간이 된 물고기, 오징어, 정어리 등을 불에 구워 요리하기도 한다.

식당에서

<u>저렴한</u>   식당을 소개해 주시겠어요?

대표적인

<u>금연구역에</u>   앉고 싶습니다.

창가에

웨이터! ⟨LA⟩

웨이터! ⟨스페인⟩

아가씨!

¿Puede recomendar un restaurante económico?
뿌에데 레꼬멘다르 운 레스따우란떼 에꼬노미꼬

típico
띠삐꼬

Prefiero sentarme en la zona no fumar.
쁘레피에로 쎈따르메 엔 라 소나 노 푸마르

cerca de la ventana
세르까 델 라 벤따나

¡Señor!
쎄뇨르

¡Camarero!
까마레로

¡Señorita!
세뇨리따

식당에서

메뉴   좀 보여 주세요.

포도주 메뉴

이 포도주를 넣을 유리병을 주세요.

저는 저지방   다이어트를 하고 있습니다.
    채식

술안주로 뭐가 있습니까? 〈스페인〉

맛있게 드십시오! 〈LA〉

맛있게 드십시오! 〈스페인〉

¿Me permite ver el menú?
메 뻬르미떼 베르　　엘 메누

　　　　　　　la lista de vinos
　　　　　　　라 리스따 데 비노스

Una garrafa de este vino, por favor.
우나 가라파 데 에스떼 비노 뽀르 파보르

Sigo un régimen de poca grasa.
시고 운 레히멘　　데 뽀까 그라사

　　　　　　　vegetariano
　　　　　　　베헤따리아노

¿Qué tapas hay?
께 따빠스 아이

¡Buen provecho!
부엔 프로베초

¡Qué aproveche!
께 아쁘로베체

139

식당에서

<u>나이프 하나</u>   좀 갖다 주세요.

포크 하나

스푼 하나

티스푼 하나

접시 하나

냅킨 하나

컵 하나

사발 하나 〈LA〉

사발 하나 〈스페인〉

물컵 하나

술잔 하나

소금

후추

겨자

상황 표현

Por favor, tráigame un cuchillo.
뽀르 파보르 뜨라이가메 　　　 운 꾸치요

un tenedor
운 떼네도르

una cuchara
우나 꾸차라

una cucharita
우나 꾸차리따

un plato
운 쁠라또

una servilleta
우나 쎄르비예따

una taza
우나 따사

un plato sopero
운 쁠라또 소뻬로

un tazón
운 따손

un vaso de agua
움 바소 데 아구아

una copa
우나 꼬빠

sal
살

pimienta
삐미엔따

mostaza
모스따사

식당에서

케찹 ⟨LA⟩ 좀 갖다 주세요.

케찹 ⟨스페인⟩

나는 참치를 주문하고 싶습니다.

　　애페타이저를 ⟨음식류⟩

　　애페타이저를 ⟨마실 것⟩

　　야채 샐러드를

　　수프를

　　묽은 수프를

　　오늘의 메뉴를

　　첫 번째 음식을

　　*메인 음식은 2가지로 되어 있다.
　　　그 중 첫 번째 음식을 가리킨다.

　　쇠고기 커틀릿을

Por favor, tráigame cátsup.
뽀르 파보르 뜨라이가메 깟숩

salsa de tomate
살사 데 또마떼

Quisiera pedir atún.
끼시에라 뻬디르 아뚠

entremeses
엔뜨레메세스

aperitivos
아뻬리띠보스

una ensalda mixta
우나 엔살라다 미스따

sopa
소빠

caldo
깔도

el plato del día
엘 쁠라또 델 디아

el primer plato
엘 쁘리메르 쁠라또

una chuleta de ternera
우나 출레따 데 떼르네라

식당에서

나는 오믈렛을 〈LA〉 주문하고 싶습니다.

　　오믈렛을 〈스페인〉

반쯤 익힌　스테이크를 드시겠습니까?

안 익힌

잘 익힌

후식으로 아이스크림을　주세요.

　　　　커스터드를

　　　　요구르트를

　　　　우유를 곁들인 밥을

계산서 좀 부탁합니다.

팁이 포함돼 있습니까?

상황 표현

Quisiera pedir un omelet.
끼시에라 뻬디르   운 오멜렛
　　　　　　　　una tortilla
　　　　　　　　우나 또르띠야

¿Le gustaría su bistec medio hecho?
레 구스따리아 수 비스떽　　　메디오 에초
　　　　　　　　　　　　　crudo
　　　　　　　　　　　　　끄루도
　　　　　　　　　　　　　bien hecho
　　　　　　　　　　　　　비엔 에초

De postre, quisiera un helado.
데 뽀스뜨레 끼시에라   운 엘라도
　　　　　　　　　　un flan
　　　　　　　　　　운 플란
　　　　　　　　　　un yogur
　　　　　　　　　　운 요구르
　　　　　　　　　　arroz con leche
　　　　　　　　　　아로스 꼰 레체

La cuenta, por favor.
라 꾸엔따 뽀르 파보르

¿Está incluida la propina?
에스따 인끌루이다 라 쁘로삐나

쇼핑

무얼 도와드릴까요? / 뭘 사시겠어요?

어디에서 기념품을 살 수 있습니까?

   필름을

   선탠 로숀을

   선탠 로숀을

   잡지를

   신문을

   책을

저는 가죽 가방을 사고 싶은데요.

 구리 접시를

 부채를

 수에드 부츠를

상황 표현

¿En qué le puedo servir?
엔 깰 레 뿌에도 쎄르비르

¿Dónde puedo comprar recuerdos?
돈데 뿌에도 꼼쁘라르 꾸에르도스

rollos de película
레로요스 데 뺄리꿀라

crema de sol
끄레마 데 솔

bronceador
브론세아도르

revistas
레비스따스

periódico
뻬리오디꼬

un libro
운 리브로

Querría comprar una bolsa de cuero.
께리아 꼼쁘라르 우나 볼사 데 꾸에로

un plato de cobre
움 쁠라또 데 꼬브레

un abanico
운 아바니꼬

botas de ante
보따스 데 안떼

쇼핑

저는 수공예품을 사고 싶은데요.

나는 꽃가게에 ⟨LA⟩ 갑니다.

    꽃가게에 ⟨스페인⟩

    책방에

    약국에

    약국에

    술가게에

    문방구점에

    담배가게에

    백화점에

    가게에

얼마입니까?

Querría comprar objetos de artesanía.
께리아 꼼쁘라르 오브헤또스 데 아르떼사니아

Voy a la florería.
보이 알 라 플로레리아

a la florista
알 라 플로리스따
a la librería
알 라 리브레리아
a la farmacia
알 라 파르마시아
a la botica
알 라 보띠까
a la licorería
알 라 리꼬레리아
a la papelería
알 라 빠뻴레리아
al estanco
알 에스땅꼬
al almacén
알 알마센
a la tienda
알 라 띠엔다

¿Cuánto cuesta?
꾸안또 꾸에스따

쇼핑

나는 치마를 하나 샀습니다.

　　새 바지를

　　블라우스를

　　티셔츠를

　　스웨터를

　　스웨터를

　　자켓을

　　코트를

　　레인코트를

　　목욕가운을

　　목욕가운을 〈스페인〉

　　구두 한 켤레를

Compré una falda.
꼼쁘레 우나 팔다

un pantalón nuevo
움 빤딸론 누에보

una blusa
우나 블루사

una camisa
우나 까미사

un suéter
운 수에떼르

un jersey
운 헤르세이

una chaqueta
우나 차께따

un abrigo
운 아브리고

un impermeable
운 임뻬르메아블레

un traje de baño
운 뜨라헤 데 바뇨

un bañador
움 바냐도르

un par de zapatos
움 빠르 데 사빠또스

은행

환전소가 어디 있습니까?

은행이

오늘 환율이 어떻게 됩니까?

이 돈을 페소로 좀 바꿔주세요. 〈멕시코〉

　　　　잔돈으로

여기에서 여행자 수표를 바꿔주나요?

당신들은 신용카드를 받습니까?

¿Dónde está la casa de cambio?
돈데 에스따 라 까사 데 깜비오

el banco
엘 방꼬

¿A cómo está el cambio del dólar hoy?
아 꼬모 에스따 엘 깜비오 델 돌라르 오이

Por favor, cambie este dinero
뽀르 파보르 깜비에 에스떼 디네로

en pesos.
엠 뻬소스

en billetes pequeños
엠 비예떼스 뻬께뇨스

¿Cambian cheques de viajero aquí?
깜비안 체께스 데 비아헤로 아끼

¿Aceptan ustedes esta tarjeta de crédito?
아셉딴 우스떼데스 에스따 따르헤따 데 끄레디또

Part 4
통신

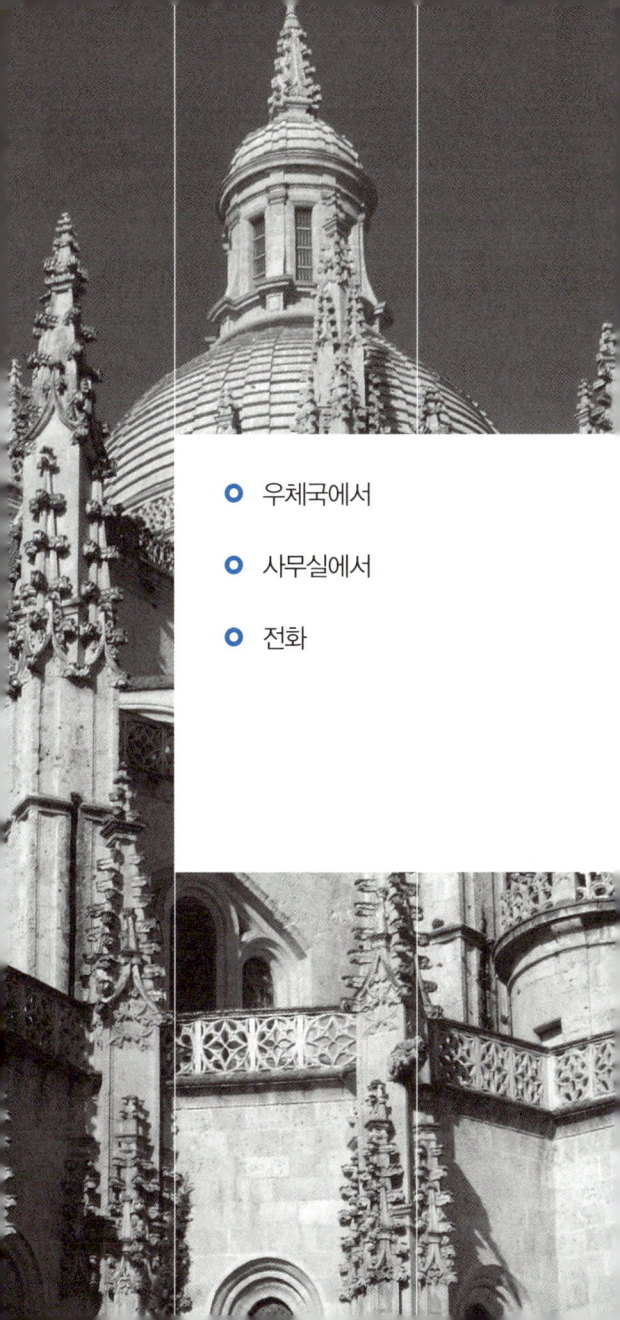

- 우체국에서
- 사무실에서
- 전화

우체국에서

이 편지를 한국으로 부치는데 얼마입니까?

여기서 제 앞으로 전신환을 보낼 수 있습니까?

<u>우편엽서가</u>   필요합니다.

항공우편이

우표가 ⟨LA⟩

우표가 ⟨LA⟩

우표가 ⟨스페인⟩

봉투가

<u>등기로</u>   보내고 싶습니다.

선편으로

항공우편으로

통신

¿Cuánto es para enviar una carta a Corea?

꾸안또 에스 빠라 엠비아르 우나 까르따 아 꼬레아

¿Pueden enviarme un giro telegráfico aquí?

뿌에덴 엔비아르메 운 히로 뗄레그라피꼬 아끼

Necesito <u>tarjetas postales</u>, por favor.

네세시또   따르헤따스 뽀스딸레스   뽀르 파보르

cartas aéreas

까르따스 아에레아스

estampillas

에스땀삐야스

timbres

띰브레스

sellos

세요스

un sobre

운 소브레

Deseo enviar esto <u>certificado</u>.

데세오 엠비아르 에스또   세르띠피까도

por vía terrestre

뽀르 비아 떼레스뜨레

por correo aéreo

뽀르 꼬레오 아에레오

우체국에서

소포로 보내고 싶습니다.

돈을 보내고 싶습니다.

전보를

우편은 언제 도착합니까?

우체부는

우편함이 어디 있습니까?

이것은 우편물이 들어 있습니다.

　　　깨지기 쉬운 물건이

통신

Deseo enviar estopor paquete postal.
데세오 엠비아르 에스또 뽀르 빠께떼 뽀스딸

Deseo enviar dinero.
데세오 엠비아르 디네로

un telegrama
운 뗄레그라마

¿Cuándo llegará el correo?
꾸안도 예가라 엘 꼬레오

el cartero
엘 까르떼로

¿Dónde hay el buzón?
돈데 아이 엘 부손

Esto contiene impresos.
에스또 꼰띠에네 임쁘레소스

material frágil
마떼리알 프라힐

사무실에서

어디에서 복사를 할 수 있습니까?

팩스를 사용해도 됩니까?

컴퓨터를

컴퓨터를 〈스페인〉

한 장당 얼마입니까?

텔렉스를 보낼 수 있습니까?

통신

¿Dónde puedo sacar copias?
돈데 뿌에도 사까르 꼬삐아스

¿Pudiera usar la fax?
뿌디에라 우사르 라 팍스

la computadora
라 꼼뿌따도라

el ordenador
엘 오르데나도르

¿Cuánto cobran ustedes por página?
꾸안또 꼬브란 우스떼데스 뽀르 빠히나

¿Podría enviar un telex?
뽀드리아 엠비아르 운 뗄렉스

친구를 알고자 하거든 사흘만 같이 여행을 해라.
- 서양 속담 -

전화

전화 좀 사용해도 될까요?

전화번호부는 어디 있습니까?

서울로 전화하려면 어떻게 합니까?

수신자 부담   전화 좀 하려는데요?

국제

장거리

발렌시아 지역번호가 어떻게 됩니까?

지금 통화중입니다.

여보세요.

통신

¿Me permite usar el teléfono?
메 뻬르미떼 우사르 엘 뗄레포노

¿Dónde está la guía telefónica?
돈데 에스딸 라 기아 뗄레포니까

¿Cómo puedo llamar a Seúl?
꼬모 뿌에도 야마르 아 세울

Quisiera hacer una llamada a cobrar.
끼시에라 아세르 우나 야마다   아 꼬브라르

　　　　　　　　　internacional
　　　　　　　　　인떼르나시오날
　　　　　　　　　larga distancia
　　　　　　　　　라르가 디스딴시아

¿Cuál es la clave para Valencia?
꾸알 에슬 라 끌라베 빠라 발렌시아

La línea está ocupada.
라 리네아 에스따 오꾸빠다

Diga. / Dígame.
디가　　　디가메

전화

여보세요. ⟨멕시코⟩

아나 산또스 좀 바꿔 주시겠어요?

메시지를 좀 받아 주시겠습니까?

통신

Bueno.
부에노

¿Puedo hablar con Ana Santos?
뿌에도 아블라르 꼰 아나 산또스

¿Puedo tomar usted un mensaje?
뿌에도 또마르 우스떼 운 멘사헤

> **tip**
>
> 스페인의 우편
> 전국의 공항이나 역 등 곳곳에 우체국이 있으며 영업시간은
> 월~금 08:30~20:30, 토 9:00~13:30. 우표는 우체국이나
> Estanco에서 구입할 수 있다. 우편함에는 투입구가 2개 있
> 는데, 한국으로 보낼 때는 Etranjero라고 표시된 쪽에 넣는
> 다. 주소와 수신인은 한글로 써도 되지만 반드시 Corea라고
> 써야하며, Por Avion(항공우편)이라고 쓸 것
>
> 환전
> 환전은 은행, 공항, 역, 환전소, 호텔 등에서 할 수 있으며,
> Cambio, Excahnge 등의 사인을 볼 수 있는 곳에서도 가능
> 하다. 여행자수표와 현금을 환전할 수 있으며 은행은 지점,
> 다른 곳의 경우 환율이나 수수료가 다르기 때문에 환전하기
> 전에 반드시 환율과 수수료를 확인해 두는 것
> 이 좋다. 스페인은행이 환율이 가장 좋으나 여
> 행자수표는 환전이 되지 않고, 호텔이나 타 환
> 전소의 경우에는 수수료가 비싼 편이다.

Part 5
교통기관

- 여러 가지 교통기관
- 공항에서
- 세관에서
- 자동차 운전

여러 가지 교통기관

즐거운 여행 되십시오.

자전거는 어디에서 빌릴 수 있습니까?

차는 〈LA〉

차는 〈스페인〉

어디에서 배를 탈 수 있습니까?

전차를 탈

지하철역은 어디에 있습니까?

기차역은

버스정류장은

포터 좀 불러주세요.

교통기관

¡Buen viaje!
부엔 비아헤

¿Dónde puedo alquilar una bicicleta?
돈데 뿌에도 알낄라르 우나 비시끌레따

un carro
운 까로

un coche
운 꼬체

¿Dónde puedo abordar el barco?
돈데 뿌에도 아보르다르 엘 바르꼬

tomar el tranvía
또마르 엘 뜨란비아

¿Dónde está la estación de metro?
돈데 에스딸 라 에스따시온 데 메뜨로

estación de trenes
에스따시온 데 뜨레네스

parada de autobuses
빠라다 데 아우또부세스

Necesito un portero.
네세시또 움 뽀르떼로

여러 가지 교통기관

시각표 하나 주세요.

편도는   얼마입니까?

왕복편은

2등칸은

여행객칸은

학생   요금이 있습니까?

노약자

흡연석이요, 금연석이요?

제 정류장에 도착하면 가르쳐 주시겠어요?

교통기관

Querría un horario, por favor.
께리아 운 오라리오 뽀르 파보르

¿Cuánto cuesta un billete de <u>ida</u>?
꾸안또 꾸에스따 움 비예떼 데   이다

　　　　　　　　　　ida y vuelta
　　　　　　　　　　이다 이 부엘따
　　　　　　　　　　segunda clase
　　　　　　　　　　세군다 끌라세
　　　　　　　　　　clase turista
　　　　　　　　　　끌라세 뚜리스따

¿Hay una tarifa para <u>estudiante</u>?
아이 우나 따리파 빠라   에스뚜디안떼

　　　　　　　　　　personas mayores
　　　　　　　　　　뻬르소나스 마요레스

¿Fumar o no fumar?
푸마르 오 노 푸마르

¿Puede indicarme cuando llegamos a mi parada?
뿌에데 인디까르메 꾸안도 예가모스 아 미 빠라다

여러 가지 교통기관

식당차가 있습니까?
침대차가

마드리드행 기차는 몇 시에 출발합니까?

꾸엥까는 몇 시에 도착합니까?

제 시간에 도착합니까?

이 기차는 구아달라하라로 갑니까?

이곳에서는 얼마나 멈춥니까?

교통기관

¿Hay un coche comedor?
아이 운 꼬체 꼬메도르

coche cama
꼬체 까마

¿A qué hora sale el tren para Madrid?
아 께 오라 살레 엘 뜨렌 빠라 마드리

¿A qué hora llega a Cuenca?
아 께 오라 예가 아 꾸엥까

¿Llega a la hora?
예가 알 라 오라

¿Va este tren a Guadalajara?
바 에스떼 뜨렌 아 구아달라하라

¿Cuánto tiempo paramos en este lugar?
꾸안또 띠엠뽀 빠라모스 엔 에스떼 루가르

공항에서

국내선은 몇 번 문입니까?

산티아고행은 얼마나 지체됩니까?

스튜어디스 좀 불러주세요.

교통 기관

¿Por qué puerta para los vuelos nacionales?
뽀르 께 뿌에르따 빠랄 로스 부엘로스 나시오날레스

¿Cuánto tiempo se retrasa el vuelo para Santiago?
꾸안또 띠엠뽀 세레 뜨라사르 엘 부엘로 빠라 산띠아고

Por favor, llame a la azafata.
뽀르 파보르 야메 알 라 아사파따

---

tip

스페인의 대중교통

비행기 : 각 도시의 왕복 편수는 철도보다 많은 편이다. 이베리아항공과 아비아코항공이 스페인의 각 도시를 운항한다.

기차 : 고속열차인 아베(AVE)를 비롯하여 여러 종류의 열차가 있다. 스페인의 국철은 RENEF로 스페인 국내여행 시 편리하다. 기차의 종류는 TALGO, INTER CITY, TER, EXPRRESOS, RAPIDOS 등이 있으며 기차마다 요금이 다르다. TALGO가 가장 비싸고 빠르다. 유레일패스 소지 시 무료 또는 할인받아 탈 수 있다. 행선지마다 예약을 해야만 탈 수 있는 경우가 있다. 스페인 플렉시 패스(Spain Flexi Pass)를 이용하면 2개월의 유효기간 중 3~10일의 적용기간 동안 마음대로 스페인 국철을 탈 수 있다. 'Salidas'는 출발, 'Llegadas'는 도착을 의미한다.

버스 : 시외버스를 타고 이동하면 열차가 다니지 않는 외지까지 갈 수 있으므로 편리하다. 평상시에는 출발 1시간 전에 미리 예약을 하도록 한다. 각 도시에는 보통 1개의 버스터미널이 있어 안내데스크에서 정보를 얻을 수 있다. 각 도시에서는 시내버스를 타고 이동한다.

세관에서

이 물건은 세금이 면제입니까?

여기 제 짐이   있습니다.

    가방이

    서류가방이

    핸드백이

신고할 것 있습니까?

아무 것도 신고할 것이 없습니다.

가방을 좀 열어주십시오.

    닫으십시오

¿Está libre de impuestos este artículo?
에스딸 리브레 데 임뿌에스또스 에스떼 아르띠꿀로

Aquí tiene mi equipaje.
아끼 띠에네 미   에끼빠헤

maleta
말레따

maletín
말레띤

bolsa de mano
볼사 데 마노

¿Tiene usted algo que declarar?
띠에네 우스떼 알고 께 데끌라라르

No tengo nada que declarar.
노 뗑고 나다 께 데끌라라르

Abre su bolso, por favor.
아브레   수 볼소 뽀르 파보르
Cierre
시에레

세관에서

저는 <u>향수가</u> 있습니다.

　　담배가

　　선물이

　　개인 사물이

교통기관

Tengo perfume.
뗑고 뻬르푸메

cigarillos
시가리요스

un regalo
운 레갈로

efectos personales
에펙또스 뻬르소날레스

---

tip

상점 영업시간

낮 시간이 길기 때문에 스페인 사람들은 늦게 일어나고, 저녁 늦게 까지 활동하는 경향이 있다. 게다가 하루 중 가장 더운 시간에는 2시간 정도의 시에스타를 즐긴다. 상점과 레스토랑마다 문 여는 시간은 각각 다르다. 박물관의 경우에는 주로 세계 어디에서나 같이 월요일에 휴관이다.

시에스타란?

낮잠을 뜻하는 말로, 스페인 사람들이 하루 중 가장 더운 시간인 14:00~16:00경에 갖는 점심휴식 시간. 관광명소나 상점, 미술관 등은 문을 닫는 곳이 많다.

은행 : 월~금 08:30~14:00, 토 08:30~13:00, 일·공휴일 휴무.
6월~9월은 토요일 영업을 하지 않는 곳도 있다.

레스토랑 : 점심 13:30~16:00, 저녁 20:30~23:00

상점 : 월~금 10:00~14:00, 16:00~20:00
토 10:00~14:00, 일·공휴일 휴무

백화점 / 쇼핑센터 : 월~토 10:00~22:00, 일·공휴일 휴무

자동차 운전

세비야로 가는 도로는 좋습니까?

　　　　　　　　　나쁩니까

이 길은 어느 마을로 갑니까?

여기서 메리다까지는 몇 킬로입니까?

다리로 가는 길 좀 가르쳐 주시겠습니까?

도로로

주유소로

신호등이 나오면 오른쪽으로 도십시오.

이 거리는 일방통행입니다.

교통기관

¿Es buena la carretera hacia Sevilla?
에스 부에나 라 까레떼라 아시아 세비야

mala
말라

¿A qué pueblo va este camino?
아 께 뿌에블로 바 에스떼 까미노

¿Cuántos kilómetros hay de aquí a Mérida?
꾸안또스 낄로메뜨로스 아이 데 아끼 아 메리다

¿Puede dirigirme al puente?
뿌에데 디리히르메 알 뿌엔떼

a la carretera
아 라 까레떼라

a una gasolinera
아 우나 가솔리네라

Doble a la derecha al llegar al semáforo.
도블레 알 라 데레차 알 예가르 알 세마포로

Esta calle es de una sola dirección.
에스따 까예 에스 데 우나 솔라 디렉시온

자동차 운전

멉니까?

지도를 그려 주십시오.

가솔린 〈LA〉   6리터를 넣어주세요.

가솔린 〈스페인 · 멕시코〉

탱크를 가득 채워주세요.

어디에 가면 수리공을 구할 수 있나요?

이것은 고장이 났습니다.

헤드라이트를   고쳐주세요.

타이어를

¿Está lejos?
에스딸 레호스

Por favor, dibújeme un mapa.
뽀르 파보르 디부헤메 움 마빠

Quisiera seis litros de combustible.
끼시에라 세이스 리뜨로스 데　꼼부스띠블레
　　　　　　　　　　　　　gasolina
　　　　　　　　　　　　　가솔리나

Por favor, llene el tanque.
뽀르 파보르 예네 엘 땅께

¿Dónde puedo conseguir un mecánico?
돈데 뿌에도 꼰세기르 움 메까니꼬

Esto no funciona.
에스또 노 풍시오나

Por favor, repare el faro.
뽀르 파보르레 빠레　엘 파로
　　　　　　　　el neumático
　　　　　　　　엘 네우마띠꼬

자동차 운전

타이어를 고쳐주세요. 〈멕시코〉

돈이 얼마나 들까요?

> ## Por favor, repare la llanta.
> 뽀르 파보르레 빠레 라 얀따

> ## ¿Cuánto costará?
> 꾸안또 꼬스따라

- tip -

스페인의 팁문화

스페인에서의 팁 문화는 의무적이라기보다는 서비스에 만족했을 경우 고마움의 표시로 주는 정도이다.

호텔 : 룸서비스를 이용했을 경우와 벨보이가 짐을 옮겨 주었을 경우 €0.5~1

레스토랑 : 일반적으로 요금의 5~10%정도를 팁으로 준다. 바에서 커피나 맥주, 음료를 먹었을 경우에는 팁을 줄 필요가 없다.

세금환불

스페인의 물품에는 16%의 부가가치세가 붙는데, 한 상점에서 90.15유로 이상의 물품 구입 시 세금을 환불받을 수 있다. 구입한 물건들은 3개월 동안 EU 국가로 가지고 나갈 수 있다. 상점에서 '유럽 세금 면제 구매 수표(Europe Tax-Free Shopping Cheque)'에 필요한 사항을 기입하고 스페인 또는 EU 최종 출발국가의 공항 또는 항구세관에 제시하면 된다.

Part 6
긴급사태

긴급상황

긴급상황

병원은 어디에 있습니까?

<u>구급차를</u> 불러주십시오!

경찰을

의사를

의사를

소방수를

불이야!

불이야!

도와주세요!

긴급 사태

¿Dónde está el hospital?
돈데 에스따 엘 오스삐딸

¡Llame una ambulancia!
야메 　우나 암불란시아
　　　　a la policía
　　　　알 라 뽈리시아
　　　　a un médico
　　　　아 움 메디꼬
　　　　a un doctor
　　　　아 운 독또르
　　　　a los bomberos
　　　　알 로스 봄베로스

¡Fuego!
푸에고

¡Incendio!
인센디오

¡Auxilio!
아욱실리오

긴급상황

응급상황이에요!

사고가 났어요.

위험해요.

나는 아픕니다.

나는 아픕니다. 〈여자의 경우〉

통역사를 한 명 구해줄 수 있습니까?

나는 여권을 잃어버렸습니다.

누가 내 지갑을 훔쳐갔습니다.

긴급 사태

¡Esto es una emergencia!
에스또 에스 우나 에메르헨시아

Ha ocurrido un accidente.
아 오꾸리 도 운 악시덴떼

Es peligroso.
에스 뻴리그로소

Estoy enfermo.
에스또이 엔페르모

Estoy enferma.
에스또이 엔페르마

¿Puede conseguirme un traductor?
뿌에데 꼰세기르메 운 뜨라둑또르

He perdido mi pasaporte.
에 뻬르디도 미 빠사뽀르떼

Alguien me ha robado la cartera.
알기엔 메 아로 바도 라 까르떼라

긴급상황

누가 내 지갑을 훔쳐갔습니다. 〈스페인〉

나는 치과에 가야겠어요.

아스피린이 필요합니다.

나는 페니실린 알레르기가 있습니다.

나는 페니실린 알레르기가 있습니다.
〈여자인 경우〉

나는 당뇨병 환자입니다.

나는 당뇨병 환자입니다. 〈여자인 경우〉

긴급 사태

Alguien me ha robado la billetera.
알기엔 메 아로 바도 라 비예떼라

Necesito ir al dentista.
네세시또 이르 알 덴띠스따

Necesito aspirinas.
네세시또 아스삐리나스

Soy alérgico a la penicilina.
소이 알레르히꼬 알 라 뻬니실리나

Soy alérgica a la penicilina.
소이 알레르히까 알 라 뻬니실리나

Soy diabético.
소이 디아베띠꼬

Soy diabética.
소이 디아베띠까

긴급상황

나는 <u>팔이</u>　아픕니다.

　　허리가[등이]

　　발이

　　손이

　　머리가

　　다리가

　　목이

　　배[위]가

나는 <u>눈이</u>　아픕니다.

　　발목이

　　무릎이

긴급 사태

Me duele el brazo.
메 두엘레 　엘 브라소

　　　　　la espalda
　　　　　라 에스빨다

　　　　　el pie
　　　　　엘 삐에

　　　　　la mano
　　　　　라 마노

　　　　　la cabeza
　　　　　라 까베사

　　　　　la pierna
　　　　　라 삐에르나

　　　　　el cuello
　　　　　엘 꾸에요

　　　　　el estómago
　　　　　엘 에스또마고

Me duelen los ojos.
메 두엘렌 　로스 오호스

　　　　　los tobillos
　　　　　로스 또비요스

　　　　　las rodillas
　　　　　라스 로디야스

여행 메모

Free Note

여행 메모

Free Note

여행 메모

Free Note

여행 메모

Free Note

여행 메모

Free Note

여행 메모

Free Note

여행 스케줄

Date   /   /

구경거리

즐길거리

먹거리

숙박

경비

기타

여행 스케줄

Date   /   /

구경거리

즐길거리

먹거리

숙박

경비

기타

여행 스케줄

Date   /   /

구경거리

즐길거리

먹거리

숙박

경비

기타

여행 스케줄

Date   /   /

구경거리

즐길거리

먹거리

숙박

경비

기타

여행 스케줄

Date   /   /

구경거리

즐길거리

먹거리

숙박

경비

기타

여행자 메모

Traveler's Note

여권번호
Passport No.

비자번호
Visa No.

항공권번호
Air Ticket No.

항공권편명
Flight Name

신용카드번호
Credit Card No.

여행자수표번호
Traveler's Check No.

해외여행보험번호
T.A. No.

항공권 예약
- Day |
- Time |
- Flight Name |
- 담당자 |